Jakobine Wierz

Pfeffernuss & Kugelglanz

Die Advents- und Weihnachtszeit
mit Kindern stimmungsvoll gestalten

Illustrationen: Mientje Meussen

Ökotopia Verlag Münster

Impressum

Autorinp	Jakobine Wierz
Illustrationen	Mientje Meussen
Satz	art applied, Druckvorstufe Hennes Wegmann, Münster
ISBN	978-3-86702-003-9

© 2006 Ökotopia Verlag, Münster

3   4   5   6   7   8   ·   11   10

Inhalt

Einleitung 4

Traditionelle Elemente 5
Adventskalender 5
Adventskranz 11
Weihnachtsbaum 14
     Stoff-Dekoration 18
     Glanz-Dekoration 19
     Natur-Dekoration 22
     Rot-Grün-Dekoration 26
     Nasch-Dekoration 28

Weihnachtliche Nischen und Ecken 29
Geheimnisecke 29
Duftecke 35
Nikolausecke 41
Märchenecke 48
Geschenke- und Verpackungsecke 63

Weihnachtliche Fenster 71
Naturfenster 71
Eisfenster 75
Farbenfrohes Fenster 80

Weihnachtliche Tische 86
Fruchtiger Weihnachtstisch 86
Festtagstisch 90

Weihnachtlicher Eingangs- und Gartenbereich 96

Schlusswort 105

Anhang 106
Register 106
Literatur 108
Die Autorin 109
Die Illustratorin 109

Einleitung

Vorweihnachtszeit – eine Zeit, die Kinderaugen leuchten lässt. Sie beginnt bereits Mitte November kurz vor der Adventszeit, wenn es darum geht, Adventskränze zu binden, Adventskalender zu gestalten und zu füllen, und wenn der Wunsch sich regt durch dekorative atmosphärische Elemente die Dezembertage zu einer zauberhaften Zeit voller Erwartung auf den Heiligabend werden zu lassen.
Gerade die Adventszeit ist geprägt vom spannungsgeladenen Erwarten des Christkinds vor dem Heiligabend. Die Kinder zählen mit ihrem Adventskalender die Tage bis zum Weihnachtsfest. Überraschungen, Wünsche und Geheimnisse bestimmen diese Zeit. Weihnachtsgeschenke werden gebastelt, Postkarten gestaltet, Wunschzettel geschrieben, es wird gewerkelt und gebastelt, gebacken, gesungen und geschmückt. Leckere süße Düfte und die verschiedensten Gewürze kitzeln die Nasen der Kinder. Lichter und Kerzen, die die dunkelste Zeit des Jahres erhellen, spiegeln sich in ihren strahlenden Augen wider. Geschichten vom Weihnachtsmann, dem Christkind und seinen treuen Gehilfen, den Engeln, werden erzählt.

In unserem konsumorientierten, hektischen Alltag sollte gerade in der Vorweihnachtszeit Raum geschaffen werden, um die stimmungsvolle Atmosphäre zu genießen und mit den Kindern bewusst zu erleben. Es gilt, sich tief greifender Werte zu besinnen wie z.B. der Ursprünglichkeit der Adventszeit, der Erwartungszeit, der Zeit voller Spannung und Geheimnisse, dem Stillewerden. Diese Formen zu pflegen ist ein Anliegen dieses Buches. Es ist bemüht um Besinnlichkeit und bewusste Vorbereitung auf das Weihnachtsfest. Es will die Advents- und Weihnachtszeit zu einer mit allen Sinnen zu erlebenden spannungsgeladenen Zeit werden lassen.

Doch wie lassen sich gebastelte Glanzsterne, schillernde Kugeln, Lichterketten und duftende Plätzchen zu einer stimmungsvollen Einheit verbinden? Wie können über das Basteln einzelner Elemente hinaus in der Einrichtung oder auch zu Hause Räume weihnachtlich gestaltet werden? Wie entsteht tatsächlich eine stimmungsvolle Atmosphäre? An vielen verschiedenen Beispielen werden hier Möglichkeiten aufgezeigt, wie eine solche weihnachtliche Erlebniswelt aussehen kann. Die Kinder sind dabei die Hauptakteure: Sie gestalten schmückende Accessoires zu verschiedenen adventlichen und weihnachtlichen Themen und dekorieren damit ihre Umgebung: Fenster, Türen, Ecken, Nischen, Tische, Tannenbäume und sogar den Garten.
So entsteht ein stimmungsvolles Gesamtbild, das die Advents- und Weihnachtszeit in neuem Licht erstrahlen lässt!

Traditionelle Elemente

Adventskalender

Was wäre die Adventszeit ohne Adventskalender? Ohne die Spannung, jeden Tag im Dezember ein neues Türchen mit einer Überraschung öffnen zu dürfen? An keinem anderen vorweihnachtlichen Element wird die Zeit der Erwartung deutlicher: Wie oft werden wir noch wach? Heißa, dann ist Weihnachtstag!

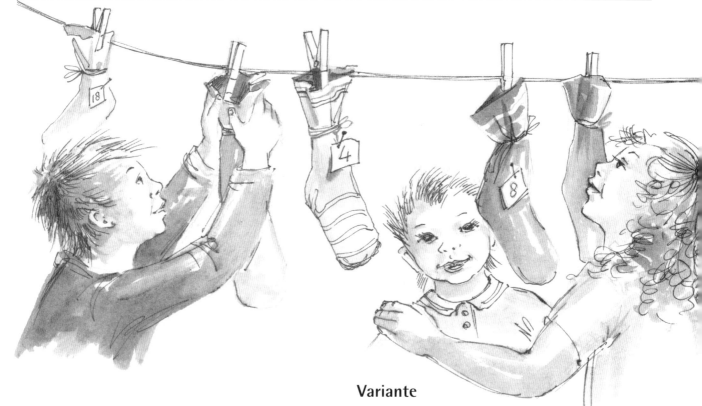

Adventskalender-Mandala

Es muss nicht immer ein Adventskalender sein, in dem Süßigkeiten oder andere Kleinigkeiten verborgen sind. Auch ein Adventskalender-Mandala hat seinen Reiz, besonders dann, wenn die Kinder es von Adventstag zu Adventstag bemalen, bis das Mandala am 24. Dezember komplett ausgemalt ist.

Material: weißer Tonkarton, Bleistift, große Schüssel oder Eimer als Schablone (40-50 cm Ø), Schere, Wachsmalkreide; evtl. Naturmaterialien, Kreide
Alter: ab 4 Jahren

Auf den Tonkarton wird mit der Schüssel als Schablone ein Kreis aufgemalt, ausgeschnitten und mit Bleistift in 24 Kuchenstücke eingeteilt.
Diese nummerieren die Kinder am Rand mit Bleistift willkürlich von 1 bis 24.
Jedes Feld wird von einem Kind am passenden Tag unifarben oder mit Mustern und Motiven mit verschiedenen Farben ausgemalt (Felder, die zeitlich schon in die Weihnachtsferien fallen, kommen am letzten Tag vor den Ferien dran).
Sind alle Felder bemalt, ist das Mandala fertig und das Christkind kann kommen!

Variante
Ein Adventskalender-Mandala lässt sich in überdimensionaler Größe auch Tag für Tag im Garten in einer windgeschützten Ecke aus Naturmaterialien legen (s. S. 96ff. „Weihnachtlicher Eingangs- und Gartenbereich").

Strumpf-Adventskalender

Material: 24 einzelne Strümpfe, Leine, 24 Wäscheklammern, Zahlenaufkleber von 1-24 (Bastelladen), 24 kleine Überraschungen, rotes Schmuckband
Alter: ab 4 Jahren

Die Kinder bringen von zu Hause jeweils eine Socke mit, spannen eine Leine quer durchs Zimmer und befestigen die Socken mit Wäscheklammern daran. Auf jede Socke kleben die Kinder eine Zahl zwischen 1 und 24.
Die Gruppenleitung füllt die Socken mit kleinen Überraschungen und bindet sie mit rotem Schmuckband zu.
Ab dem 1. Dezember darf jedes Kind seine Socke am entsprechenden Tag von der Leine nehmen. Welche Überraschung wird sich wohl darin befinden?
Hinweis: Der Strumpf-Adventskalender ergänzt als Decken-Dekoration hervorragend die „Nikolausecke" (s. S. 41ff.).

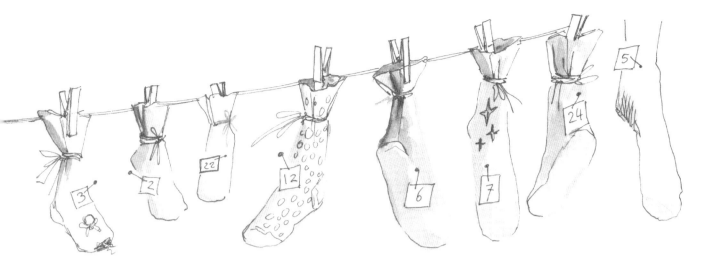

Puzzle-Adventskalender

Material: 1 weihnachtliche Abbildung (Kunstbuch, Kunstpostkarte, Bilderbuch etc.), Kleister, DIN-A3-Pappe, Pinsel, Bleistift, Schere, Schuhkarton, weihnachtliches Geschenkpapier
Alter: ab 5 Jahren

Die weihnachtliche Abbildung wird auf DIN A3 vergrößert kopiert.
Der Kleister wird nach der Verpackungsbeschreibung angerührt und die Kinder kleistern die DIN-A3-Pappe damit ein. Sie kleben die Abbildung auf die Pappe und lassen sie trocknen.
Auf der Rückseite wird das Bild mit Bleistift in 24 Puzzleteile eingeteilt, indem sich überkreuzende Linien eingezeichnet werden.
Diese Felder nummerieren die Kinder mithilfe der Gruppenleitung vom oberen Rand ausgehend von links nach rechts durch, damit sie später die Puzzleteile von Tag zu Tag aneinander anlegen können.
Entlang der eingezeichneten Linien zerschneiden die Kinder das Poster in die 24 Puzzleteile.
Den Schuhkarton bekleben die Kinder mit dem Geschenkpapier. Dazu reißen sie das Geschenkpapier in Schnipsel, tauchen es in Kleister und drücken es auf die Schuhschachtel. Dabei müssen sie darauf achten, dass der Deckel noch geöffnet werden kann.
In den getrockneten Karton füllen die Kinder die Puzzleteile. Jeden Tag darf ein anderes Kind das entsprechende Puzzleteil für diesen Tag aus dem Schuhkarton heraussuchen und anlegen. Am Heiligabend ist das Bild wieder vollständig.
Hinweis: Verwenden die Kinder ein Märchenmotiv, findet dieser Adventskalender einen Platz in der „Märchenecke" (s.S. 48ff.).

Bastelbrief-Kalender

Material: 24 weiße Briefumschläge, Bunt-, Filz- und Wachmalstifte, Klebstoff, bunte Papiere, Gold- und Silberfolie, Schere, 24 Bastelideen, Tacker, Schmuckband, 1 Kranz aus Tannen (s.S. 11) oder Weidenkranz; evtl. 1 dicker roter oder goldener Filzstift, Weihnachtssiegel (s.S. 33)
Alter: ab 5 Jahren

Die Kinder gestalten 24 Briefumschläge weihnachtlich: Sie bemalen sie mit Engeln, Sternen, Tannenbäumen, bekleben sie mit goldenen und silbernen Schnipseln usw.
Die Gruppenleitung füllt die Briefumschläge mit je einer kopierten Bastelidee aus dem vorliegenden Buch.
Die Kinder tackern an einer Ecke jedes Umschlags ein Stück Schmuckband fest und binden es zu einer großen Schlaufe, damit es am Kranz aufgehängt werden kann.
Der Kranz wird so an der Decke befestigt, dass die Kinder an die Umschläge gerade noch heranreichen und Tag für Tag einen Umschlag abschneiden und öffnen können. Die Überraschung wird groß sein, wenn sie darin jeden Tag ein neues weihnachtliches Bastel- oder Malangebot finden.

Variante

Statt die weißen Briefumschläge bunt zu bemalen, nummerieren die Kinder sie mithilfe der Gruppenleitung ganz vornehm mit einem dicken goldenen oder roten Filzstift von 1 bis 24. Anschließend werden sie mit einem selbst hergestellten Weihnachtssiegel (s.S. 33) verschlossen.

Geschichten-Adventskalender

Material: mehrere Bögen feste Pappe, Bleistift, Schere, Alufolie, 24 leere Streichholzschachteln, Klebstoff, Filz in Rot, Grün und Gelb, Filzstift, Kordel, 1 großer Tannenzweig, 24 weihnachtliche Kurzgeschichten oder Gedichte (oder 1 lange Weihnachtsgeschichte)
Alter: ab 5 Jahren

Aus der Pappe wird ein sechszackiger Stern mit einem Durchmesser von 10 cm geschnitten.
Die Kinder übertragen diesen Stern 24-mal mit Bleistift auf Pappe und schneiden die Sterne aus.
Die ausgeschnittenen Sterne hüllen sie in Alufolie.
Die 24 Streichholzschachteln bekleben die Kinder mit Filz, sodass sich das Schiebefach noch herausziehen lässt.
Die Kinder kleben jede Streichholzschachtel mitten auf einen der Sterne und nummerieren die Sterne mit Filzstift von 1 bis 24.
Jeder Stern wird mit einer Kordel an dem Tannenzweig aufgehängt.
Die 24 Schubfächer füllt die Gruppenleitung mit 24 kopierten weihnachtlichen Kurzgeschichten oder Gedichten oder einer längeren Geschichte, von der an jedem Tag nur ein Teil vorgelesen wird, bis die Kinder am Heiligabend das Ende der Geschichte erfahren. Dafür wird die Geschichte in 24 Abschnitte unterteilt.
Hinweis: Diesen Adventskalender hängen die Kinder z.B. in der „Märchenecke" (s.S. 48ff.) auf.

Adventliche Überraschungsschale

Material: 24 Schachteln unterschiedlicher Größe, 24 kleine Überraschungen, weihnachtliches Geschenkpapier, Schere, Klebeband, Schmuckband, Kordel, Goldfolie, dicker Filzstift, 1 große Schale
Alter: ab 5 Jahren

Die Gruppenleitung füllt die Schachteln mit den Überraschungen.
Die Kinder verpacken jede Schachtel mit Geschenkpapier zu kleinen Geschenken und verschnüren sie mit einem Schmuckband.
Zusätzlich befestigen die Kinder an jedem Geschenk eine lange Kordel.
Aus der Goldfolie schneiden sie 24 Sterne aus und nummerieren sie mit dem Filzstift von 1 bis 24.
An das Ende jeder Kordel kleben sie einen der Sterne.
Alle Geschenke werden in eine dekorative Schale gelegt, sodass die Schnüre durcheinander aus der Schale heraushängen.
Ab dem 1. Dezember zieht jeden Tag ein Kind an der passenden Schnur – zu welchem Päckchen mag sie gehören, und was ist darin?
Hinweis: In der Geheimnisecke (s.S. 29ff.) sorgt dieser Adventskalender sicher für die entsprechende Spannung.

Adventskalender-Füllungen

Fantasiereisen-Kalender

Ein Adventskalender voller winterlicher und weihnachtlicher Fantasiereisen in die Welt der Schneemänner, Weihnachtsmänner, Engel und Sterne:
In einem Ritual werden die Kinder jeden Tag mit einer Fantasiereise zu besinnlicher Ruhe geführt.
Hinweis: Dieser Adventskalender findet in der „Märchenecke" (s.S. 48ff.) seinen idealen Platz.

Traditionelle Elemente

Beispiel-Fantasiereise: Das Geschenk
Du liegst entspannt und kommst langsam zur Ruhe. Du schließt die Augen und atmest ruhig und entspannt. Du atmest ein und aus, ein und aus. Du nimmst deinen Atmen bewusst wahr und fühlst dich wohl.
Du wanderst in deinen Gedanken durch die weihnachtlichen Straßen. Überall ist es adventlich geschmückt: in den Gassen, in den Läden, zu Hause und im Kindergarten. Viele Lichter und Kerzen brennen in den Fenstern. Die Lichter sind hell und strahlend und geben dir Geborgenheit in der Dunkelheit.
Bald ist Weihnachten und du freust dich auf ein Geschenk, das du dir ganz besonders gewünscht hast.
Du stellst dir vor, es ist Heiligabend und du findest ein Geschenk unter dem Tannenbaum. Es ist wunderschön verpackt. Eine große rote Schleife schmückt das Paket. Was mag wohl darin sein?
Vorsichtig entfernst du Schleife und Papier vom Paket. Was kommt darunter zum Vorschein?
Stelle dir dein Geschenk nun genau vor. Wie groß ist es? Welche Farbe hat es? Wie fühlt es sich an? Kalt oder warm, rau oder glatt? Hat es einen besonderen Geruch? Versuche, dir dieses Geschenk genau vorzustellen und zu sehen, was du mit dem Geschenk machen willst.
Dann legst du dein Geschenk erst einmal wieder unter den Weihnachtsbaum.
Atme weiterhin ruhig ein und aus und komme langsam wieder hier im Raum an. Öffne langsam die Augen, recke und strecke dich, setze dich aufrecht hin.

Im Anschluss an die Fantasiereise berichten die Kinder einander, von welchem Geschenk sie geträumt haben.

Beispiel-Fantasiereise: Mein Engel
Du liegst entspannt und kommst langsam zur Ruhe. Du schließt die Augen und atmest ruhig und entspannt. Du atmest ein und aus, ein und aus. Du nimmst deinen Atem bewusst wahr und fühlst dich wohl.
Du träumst von den Engeln im Himmel, die während der Weihnachtszeit viel zu tun haben. Du siehst, wie sie sich von Wolke zu Wolke bewegen. Wie sieht es im Himmel aus? Wie bewegen sich die Engel im Himmel? Fahren sie Roller oder Skateboard oder fliegen sie mit ihren Flügeln von Wolke zu Wolke?
Jedes Kind hat seinen eigenen Engel, seinen Schutzengel. Wie sieht dein Engel aus? Ist er groß oder klein? Ist er ein Junge oder ein Mädchen? Wie groß sind seine Flügel? Welche Farbe hat sein Engelgewand? Glitzert es?
Du spürst, wie seine Flügel sanft deine Stirn streifen. Du spürst, dass er da ist. Du fühlst dich von ihm beschützt. Vertraue dich ihm an. Er ist dein Freund.
Atme weiterhin ruhig ein und aus und komme langsam wieder hier im Raum an. Öffne langsam die Augen, recke und strecke dich, setze dich aufrecht hin.

Im Anschluss an die Fantasiereise malen die Kinder ihren Schutzengel.

Spiele-Kalender

Ein Adventskalender voller den Kindern noch unbekannten Spielideen verkürzt die Spannung bis zum Heiligabend. Nachdem ein Kind ein Adventstürchen geöffnet hat, wird mit allen Kindern das neue Spiel umgesetzt.

Rezepte-Kalender

Ein Adventskalender voller süßer Überraschungen in Form von kindgerechten leckeren Rezepten. Anregungen dazu finden sich in diesem Buch (s. „Rezepte" S. 108). Alle Rezepte, die die Kinder im Adventskalender finden, werden in einem Ringbuch gesammelt. In jeder Adventswoche gibt es einen Backtag, an dem die Kinder die erhaltenen Rezepte ausprobieren.
Hinweis: Der ideale Platz für diesen Adventskalender ist die „Duftecke" (s.S. 35ff.).

Lieder-Kalender

Ein Adventskalender voller weihnachtlicher Notenblätter: Jeden Tag üben die Kinder ein neues Lied ein und wiederholen die Lieder von den Tagen zuvor – so wird die Liedstunde jeden Tag länger!

Adressen-Kalender

Ein Adventskalender voller Hausadressen: Dazu werden 24 besonders weihnachtlich geschmückte Häuser und weihnachtliche Anlaufstellen ausgesucht, z.B.:
★ Bäckereien, in denen Plätzchen und Stollen gebacken werden,
★ Weihnachtsmarkt,
★ große Krippendarstellung,
★ Tannenbaum von der Ortsgemeinde,
★ besonders schön geschmückte Haustüren, Vorgärten und Fenster usw.
Jeden Tag erwandern die Kinder eine andere weihnachtliche Adresse.

Krippen-Kalender

Ein Adventskalender voller Krippenfiguren: Statt kleinen Überraschungen füllt die Gruppenleitung Krippenfiguren und Krippenaccessoires in den Kalender. Wenn am Heiligabend die Kinder das Jesuskind aus dem Adventskalender nehmen, ist die Krippe vollständig.

Christbaum-Kalender

Ein Adventskalender voller Christbaumschmuck: Zum ersten Advent wird in der Einrichtung ein Tannenbaum aufgestellt, der zunächst ungeschmückt bleibt. Im Adventskalender sind viele Kleinteile enthalten, mit denen die Kinder den Weihnachtsbaum schmücken können. Jeder Adventstag macht den Weihnachtsbaum um ein Schmuckstück reicher.
Hinweis: Mit diesem Adventskalender-Schmuck lässt sich der „Flurweihnachtsbaum" (s.S. 15) weihnachtlich schmücken.

Traditionelle Elemente 11

Adventskranz

Kein Advent ohne Adventskranz! Auf Tischen und Fensterbänken, in Wohn- und Esszimmer, Eingangshalle oder Frühstücksecke schmückt er adventlich den Raum und wird zu einem Anziehungspunkt für Kinder, sobald die erste Kerze am ersten Adventssonntag erstrahlt. Woche für Woche rückt das Weihnachtsfest nun immer näher, und mit jedem Sonntag leuchtet der Kranz heller.

Adventskranz binden

Material: Tannenzweige, Gartenschere, Blumendraht, 4 Kerzenhalter und Kerzen; evtl. selbst gebastelter Advents- und Weihnachtsschmuck, getrocknete Gewürze, Streichholzschachteln, Geschenkpapier und -bänder, Strohsterne (s.S. 24), Naturmaterialien, Wachskristalle (s.S. 77), getrocknete Zitronen- und Orangenscheiben, Drachensterne (s.S. 51), Siebenzackiger Stern (s.S. 51), Vierzackiger Stern (s.S. 91), glitzerndes Schleifenband
Alter: ab 5 Jahren

Um einen Adventskranz aus Tannen zu binden, schneiden die Kinder von den großen Tannenzweigen ca. 15 cm lange Zweige ab.

Mit dem Draht binden sie mehrere Zweige zu einem Büschel. Nach und nach fügen die Kinder immer wieder neue Zweige hinzu und fixieren diese erneut mit Draht, den sie in der Verlängerung der ersten Zweige um die Tannenbüschel wickeln. So entsteht eine Art Girlande.
Ist diese lang genug, binden die Kinder Anfang und Ende mit Draht zusammen und formen somit einen Kranz. Der Adventskranz-Rohling ist fertig.
Diesen dekorieren die Kinder mit selbst gebasteltem Advents- und Weihnachtsschmuck (s. z.B. S. 22 „Natur-Dekoration").
Die vier Kerzenhalter stecken die Kinder mit der Steckspitze in den Kranz und darauf die Kerzen.
Hinweis: Um Brandgefahr auszuschließen, müssen die Kerzenhalter stabil sein und die Kerzen gerade stehen. Der Kranz sollte außerhalb der unmittelbaren Spielumgebung aufgestellt werden.

Adventskranz für die „Duftecke" (s.S. 35ff.)

Die Kinder schmücken den Adventskranz, indem sie getrocknete Gewürze wie Nelken, Zimtstangen usw. mit Draht umwickeln und damit am Kranz befestigen.

Adventskranz für die „Geschenke- und Verpackungsecke" (s.S. 63ff.)

Streichholzschachtel-Päckchen werden zu kleinen Geschenken verpackt und dekorativ mit Geschenkbändern am Adventskranz festgebunden.

Adventskranz für das „Naturfenster"
(s.S. 71ff.)

Die Kinder dekorieren den Adventskranz mit „Strohsternen" (s.S. 24) und Naturmaterialien wie Kiefernzapfen, Lerchenzapfen oder Nüssen, die sie mit Draht befestigen.

Adventskranz für das „Eisfenster"
(s.S. 75ff.)

Die Kinder schmücken den Adventskranz mit Wachskristallen (s.S. 77), die mit Draht befestigt werden.

Adventskranz für den „Fruchtigen Weihnachtstisch" (s.S. 86ff.)

Der Adventskranz wird mit getrockneten Zitronen- und Orangenscheiben geschmückt. Die Kinder befestigen sie mit dünnem Blumendraht am Kranz.

Adventskranz für den „Festtagstisch"
(s.S. 90ff.)

Die Kinder schmücken den Adventskranz, indem sie daran Drachensterne (s.S. 51), einen Siebenzackigen Stern (s.S. 51), einen Vierzackigen Stern (s.S. 91) und glitzernde Schleifen mit Draht befestigen.

Adventspyramide

Bei der Adventspyramide handelt es sich um eine andere Art von Adventskranz: Sie besteht aus drei Etagen, die in einem Stecksystem übereinander gebaut werden.

Material: 9 rote Äpfel, 18 Bambusstäbe (16 Stäbe 15 cm lang, 2 Stäbe 21 cm lang), Küchenmesser, 5 rote Haushaltskerzen
Alter: ab 5 Jahren

Für die erste Etage stecken die Kinder vier Stäbe und vier Äpfel zu einem Viereck zusammen (s. Abb.). Das Viereck erhält als Verstärkung ein Verstrebungskreuz aus den 2 langen Bambusstäben, die seitlich in die Äpfel gesteckt werden.
Für die zweite Etage stecken die Kinder in jeden Apfel senkrecht jeweils einen weiteren Bambusstab und darauf wiederum vier Äpfel. Auch diese Äpfel werden seitlich mit vier Stäben zu einem stabilen Viereck verbunden.
Für die dritte Etage werden wiederum vier Stäbe in die oberen vier Äpfel gesteckt, diesmal aber schräg nach oben zur Mitte, sodass sie den letzten Apfel von allen Seiten durchbohren.
In die fünf oberen Äpfel bohren die Kinder mit dem Obstmesser vorsichtig ganz oben ein Loch, in das sie jeweils eine Kerze stecken.
Die fünfte Kerze wird am Heiligabend angezündet.
Hinweis: Das Stecken der Stäbe ist für die Kinder leichter, wenn sie die Äpfel vorher mit einem Obstmesser leicht anbohren.

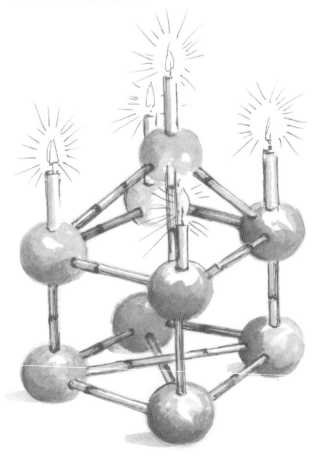

Traditionelle Elemente

Riesen-Adventsspirale

Die Adventsspirale stellt einen raumgroßen Adventskranz dar, der wie ein Adventskalender aus 24 statt aus vier Kerzen besteht.

Material: viele Tannenzweige, Gartenschere, Goldfolie, 24 Apfellichter (s.S. 74), Schere; evtl. 24 Teelichter
Alter: ab 5 Jahren

Die Kinder schneiden mit der Gartenschere größere Tannenzweige in ca. 20 cm lange Tannenästchen. Mit diesen legen die Kinder eine riesige Spirale auf den Boden mit ca. 15 cm Abstand zwischen den einzelnen Windungen. Die Spirale muss so lang sein, dass darauf 24 Apfellichter Platz haben.
Aus der Goldfolie schneiden die Kinder 24 Sterne aus und verteilen diese in regelmäßigem Abstand auf der Spirale.
Jeder Stern steht für einen Tag. Vom 1. Dezember an stellen die Kinder an jedem Adventstag auf den nächsten Stern ein vorbereitetes Apfellicht. Am Heiligabend brennt auf allen Sternen eine Kerze, die einen dunklen Raum hell erstrahlen lassen.

Varianten

★ Statt der 24. Kerze steht am Ende der Adventsspirale der „Flurweihnachtsbaum" (s.S. 15).
★ Die Adventsspirale lässt sich in verkleinerter Form auch auf einem großen Tisch (z.B. Tischtennisplatte) aufbauen und mit Teelichtern gestalten.

Gebackener Adventskranz

Zutaten: 725 g Mehl, 40 g Frischhefe, 300 ml Wasser, 10 g Salz, 100 g Zucker, 85 g Margarine, 1 Ei
Material: 4 lange Nägel, 4 rote Kerzen, rotes Geschenkband, Strohsterne (s.S. 24)
Alter: ab 5 Jahren

Für den Hefeteig geben die Kinder das Mehl in eine Schüssel.
In das Mehl drücken sie eine Mulde, bröckeln die Hefe hinein und gießen etwas Wasser hinzu.
Dieser Vorteig muss mit einem Küchentuch zugedeckt bei Zimmertemperatur zur doppelten Menge 15 Min. aufgehen.
Die Kinder fügen der Masse 300 ml Wasser, Salz, Zucker und die Margarine hinzu und verkneten alles zu einem Hefeteig.
Den Teig teilen die Kinder in 3 Hefekugeln auf und rollen daraus drei gleich lange Wülste von ca. 1 m Länge.
Aus den Wülsten flechten sie mithilfe der Gruppenleitung einen Zopf und legen ihn zu einem Kranz zusammen. Die Enden drücken sie dabei aneinander. Der Hefekranz muss nun 30 Min. ruhen.
Den aufgegangenen Kranz bepinseln die Kinder vorsichtig mit Eigelb, damit er beim Backen goldbraun wird.
Der Kranz wird bei 220 °C auf der mittleren Schiene gebacken.
Ist er abgekühlt, drücken die Kinder von unten vier lange Nägel durch den Kranz und befestigen darauf die roten Adventskerzen.
Jetzt fehlen noch ein paar rote Schleifen und einige Strohsterne als Dekoration, und der Adventskranz ist fertig.
Hinweis: Auch wenn sich das Rezept lecker anhört, ist der Kranz nach 4 Wochen natürlich hart und nicht mehr essbar.

Weihnachtsbaum

Ohne Tannenbaum ist Weihnachten bei uns nicht denkbar. Auch in Einrichtungen hat der Weihnachtsbaum seinen festen Platz – und das nicht nur zur Weihnachtsfeier. Bereits mit Beginn der Adventszeit kann der Tannenbaum im Kindergarten oder in der Grundschule aufgestellt werden und verbreitet stimmungsvolle Atmosphäre. Dieses Kapitel bietet zahlreiche Impulse, um mit dem Thema Tannenbaum-Gestaltung kreativ umzugehen. Ab S. 18 finden sich verschiedene Dekorationsthemen, zu denen der Weihnachtsbaum effektvoll geschmückt werden kann.

Unser Tannenbaum

In vielen Gegenden gibt es die Möglichkeit, den Weihnachtsbaum im Wald selbst auszusuchen und zu schlagen. Ein schönes Aktionsangebot für die Kindergruppe!

Material: Tannenbaumständer, Tannenbaum-Deko (s.S. 18 ff.)
Alter: ab 4 Jahren

Bevor ein Tannenbaum ausgesucht wird, klären die Kinder mit der Gruppenleitung folgende grundsätzliche Fragen: Wo soll und kann ein Baum aufgestellt werden und wie groß darf er sein? Zu welchem Zeitpunkt wird der Baum aufgestellt: zum 1. Advent, zum 1. Dezember oder erst später, z.B. eine Woche vor Weihnachten? Wie und wann wird der Baum dekoriert? Soll es ein bestimmtes Dekorationsthema geben (s.S. 18 ff.)? Welche Gruppe bastelt dafür, und wer schmückt ihn?
Sind alle Fragen geklärt, gehen die Kinder gemeinsam mit der Gruppenleitung in den Wald, um dort unter Anleitung des Försters oder der Försterin einen geeigneten Tannenbaum auszusuchen. Die Kinder sehen zu, wie der Baum gefällt wird, oder helfen beim Ausgraben.
Zurück in der Einrichtung stellen die Kinder gemeinsam mit der Gruppenleitung den Baum am vorgesehenen Platz auf. Wird der Baum mit einer Lichterkette geschmückt, sollten die Lichter erst brennen, wenn der Baum vollständig geschmückt ist.

Ein Tännlein aus dem Walde

Beim Aufstellen des Baumes kann folgendes Gedicht vorgetragen werden:

(Autor unbekannt)

*Ein Tännlein aus dem Walde,
Und sei es noch so klein,
Mit seinen grünen Zweigen
Soll unsre Freude sein!
Es stand in Schnee und Eise
In klarer Winterluft;
Nun bringt's in unsre Stuben
Den frischen Waldesduft.
Wir wollen schön es schmücken
Mit Stern und Flittergold,
Mit Äpfeln und mit Nüssen
Und Lichtlein wunderhold.
Und sinkt die Weihnacht nieder,
Dann gibt es lichten Schein,
Der leuchtet Alt und Jungen
Ins Herz hinein.*

Traditionelle Elemente 15

Flurweihnachtsbaum

Der Flurweihnachtsbaum stellt einen schönen adventlichen Willkommensgruß im Flur da. Zu Beginn des Advents ist er ungeschmückt. Tag für Tag wird er um etwas Weihnachtsschmuck reicher.

Material: 1 großer Tannenbaum, Dekorationsmaterial (s.S. 18 ff.)
Alter: ab 4 Jahren

Zu Beginn der Adventszeit wird der Baum aufgestellt. In den verbleibenden Adventwochen gestalten die Kinder Tannenbaumschmuck. Da jede Einrichtung aus mehreren Gruppen besteht, sollten alle Gruppen an der Dekoration des großen Flurtannenbaumes beteiligt sein. Dafür ist in jeder Gruppe ein Arbeitstisch vorbereitet, der unter dem diesjährigen Tannenbaumthema (s.S. 18ff.) steht.
In Pausen, Freispielphasen oder vorgesehenen Bastelzeiten stellen die Kinder dort den Weihnachtsschmuck her, der im Anschluss direkt am Baum seinen Platz findet. So wächst die Tannenbaumpracht von Tag zu Tag, bis der Baum kurz vor Heiligabend in voller Schönheit erstrahlt und die Lichter angezündet werden.

Variante

Der Flurweihnachtsbaum lässt sich auch in Kombination mit dem „Christbaum-Kalender" (s.S. 10) schmücken.

Gruppentannenbaum

Material: 1 kleiner Tannenbaum pro Gruppe, Dekorationsmaterial (s.S. 18ff.)
Alter: ab 4 Jahren

Jede Gruppe hat ihren eigenen kleinen Baum und entscheidet sich gemeinsam für ein Dekorationsthema (s.S. 18ff.).
Für die Dekorationsentscheidung liest die Gruppenleitung das Gedicht „Der Traum" (s.S. 16) langsam als Fantasiereise vor. Die Kinder lauschen mit geschlossenen Augen und stellen sich am Ende des Gedichts ihren eigenen Wunsch-Weihnachtsbaum vor.
Anschließend erzählt jedes Kind, in welchen Farben sein Weihnachtsbaum geschmückt war, mit welchen Gegenständen er im Traum dekoriert war usw. Die Kinder einigen sich auf ein Dekorationsthema und stellen an einem gemeinsamen Arbeitstisch entsprechenden Christbaumschmuck her.

Variante

Jedes Kind darf einen Gegenstand aus seinem Traum herstellen und diesen an den Baum hängen. So entsteht ein kunterbunter Gruppenweihnachtsbaum.

Der Traum
(Heinrich Hoffmann von Fallersleben)

Ich lag und schlief, da träumte mir
ein wunderschöner Traum:
Es stand auf unserm Tisch vor mir
ein hoher Weihnachtsbaum.

Und bunte Lichter ohne Zahl,
die brannten ringsumher,
die Zweige waren allzumal
von gold'nen Äpfeln schwer.

Und Zuckerpuppen hingen dran,
das war mal eine Pracht!
Da gab's, was ich nur wünschen kann
und was mir Freude macht.

Und als ich nach dem Baume sah
und ganz verwundert stand,
nach einem Apfel griff ich da,
und alles, alles schwand.

Da wacht' ich auf aus meinem Traum,
und dunkel war's um mich.
Du lieber, schöner Weihnachtsbaum,
sag an, wo find' ich dich?

Da war es just als rief er mir:
„Du darfst nur artig sein,
dann steh' ich wiederum vor dir;
jetzt aber schlaf nur ein!

Und wenn du folgst und artig bist,
dann ist erfüllt dein Traum,
dann bringet dir der Heil'ge Christ
den schönsten Weihnachtsbaum."

Traditionelle Elemente 17

Adventskalenderbaum

Material: 1 Tannenbaum, 24 Weihnachtsbaumkerzen und -kerzenhalter
Alter: ab 4 Jahren

Statt eines Adventskalenders stellen die Kinder einen Adventsbaum in ihrer Gruppe auf. Ab dem 1. Dezember erhält der Gruppenbaum jeden Tag als Baumschmuck eine Kerze mehr, ansonsten bleibt er ungeschmückt.
Am letzten Öffnungstag der Einrichtung dürfen die Kinder die noch fehlenden Kerzen am Baum ergänzen. Dann werden die Kerzen als Zeichen für das bevorstehende Weihnachtsfest angezündet.

Weihnachtsfeierbaum

In diesem Angebot wird der Weihnachtsbaum „beschenkt"!

Material: 1 großer Tannenbaum, Lichterkette
Alter: ab 4 Jahren

Alle Gäste, die zur Weihnachtsfeier eingeladen sind, werden gebeten, ein Christbaumschmuck-Accessoire mitzubringen. Auch hier kann ein Dekorationsthema vorgegeben sein. Während der Weihnachtsfeiervorbereitung bleibt der Baum außer einer Lichterkette ungeschmückt.
Während der Weihnachtsfeier schmücken alle Gäste und Kinder gemeinsam den Baum, indem jeder, der zur Weihnachtsfeier erscheint, sein Weihnachtsbaumgeschenk an den Baum hängt. Schon bald ist der Baum ideenreich geschmückt!

Gartenweihnachtsbaum

Material: s. „Weihnachtlicher Eingangs- und Gartenbereich" (S. 96ff.) und „Natur-Dekoration" (S. 22ff.)
Alter: ab 4 Jahren

Der Tannenbaum muss nicht immer im Haus stehen – auch in der Natur lässt sich ein Tannenbaum schmücken! Im Vorgarten vor der Haustür, im Außenbereich des Kindergartens, im Pausenhof oder im Schulgarten verbreitet eine geschmückte Tanne weihnachtliche Stimmung.
Christbaumschmuckideen finden sich in den Kapiteln „Weihnachtlicher Eingangs- und Gartenbereich" (s.S. 96ff.) oder „Natur-Dekoration" (s.S. 22ff.)!

Stoff-Dekoration

Schnipsel-Kugel

Material: Weihnachtsstoff(reste), Zickzackschere, 1 Styroporkugel, Textilkleber
Alter: ab 5 Jahren

Die Kinder schneiden mit einer Zickzackschere aus den Weihnachtsstoffen kleine Stoffschnipsel.
Diese kleben sie mit Textilkleber dachziegelartig übereinander auf die Kugel, bis diese vollständig mit Stoff bedeckt ist.

Varianten
Weitere Stoff-Dekorationen für den Tannenbaum:
- ★ „Fröbelstern" (s.S. 26)
- ★ „Filz-Geschenkherz" (s.S. 27)
- ★ „Filzkugel" (s.S. 27)
- ★ „Gefilzter Weihnachtsschmuck" (s.S. 27)

Patchwork-Kugel

Material: 1 Styroporkugel (7-8 cm Ø), Bleistift, Bastelmesser, Schere, weihnachtliche Baumwollstoffe aus dem Patchworkbedarf, Stricknadel
Alter: ab 5 Jahren

Die Kinder malen auf die Styroporkugeln entsprechend der Abbildung senkrechte Linien und ritzen sie mit dem Bastelmesser nach.
Aus den verschiedenen Patchwork-Stoffen schneiden sie Stücke, die etwas größer sind als die Styroporfelder und legen sie darüber.
Indem sie die Stoffränder mit einer Stricknadel in die Ritzen drücken, befestigen sie den Stoff auf der Kugel. So füllt sich allmählich Feld um Feld, bis die Kugel ganz bedeckt ist.
Hinweis: Verwenden die Kinder unterschiedliche Stoffe in einem bestimmten Rhythmus, sieht die Kugel besonders schön aus.

Weihnachtskugel aus Stoff

Material: 1 Styroporkugel (7-8 cm Ø), weihnachtliche Baumwollstoffe aus dem Patchworkbedarf, Schere, dünner Gold- oder Silberdraht, Zange, Kordel
Alter: ab 4 Jahren

Die Kinder hüllen die Styroporkugel in Stoff und umwickeln sie anschließend mit Draht, sodass der Stoff dekorative Falten wirft.
Durch den Draht fädeln die Kinder eine Kordel, um die Kugel am Baum aufzuhängen.

Traditionelle Elemente

Glanz-Dekoration

Wenn sie die einzelnen Lagen zu einer Kugel auffalten, kann sich der Schein der Weihnachtskerzen auf der Folie spiegeln.

Prägeschmuck

Material: Metall- oder Prägefolie (0,15 cm dick; ca. DIN A3), Markierstift, (Blech-)Schere, weiche Unterlage, Metalldrückwerkzeug (alternativ Kugelschreiber, Stricknadeln oder Nagel), dünne Goldkordel
Alter: ab 5 Jahren

Die Kinder malen mit dem Markierstift zahlreiche große und kleine weihnachtliche Motive als Umrisszeichnung auf die Metallfläche.
Mit der Schere schneiden sie die Motive aus und legen sie auf eine weiche Unterlage. Darauf prägen sie mit den Metalldrückwerkzeugen Muster in die Folie. Ein Tannenbaum könnte z.B. mit Girlanden, Kugeln, Kerzen oder Sternen verziert werden.
In jedes Motiv stechen die Kinder oben ein Loch, durch das sie ein Stück goldene Kordel ziehen, um den glänzenden Prägeschmuck am Weihnachtsbaum zu befestigen.

Goldene Fächerkugel

Material: Pappe, Schere, Bleistift, Gold- oder Silberfolie, Tacker, Kordel, Klebeband
Alter: ab 4 Jahren

Die Gruppenleitung schneidet aus der Pappe eine Kreisschablone mit einem Durchmesser von ca. 6-8 cm, je nach gewünschter Kugelgröße.
Die Kinder übertragen 10 Kreise auf die Folie und schneiden diese aus.
Jeder Kreis wird in der Hälfte zusammen- und wieder auseinander gefaltet.
Alle gefalteten Kreise legen die Kinder mit dem Falz aufeinander.
Sie tackern die Kreise in dem Falz oben und unten zusammen (s. Abb.).
In diesen Falz kleben die Kinder mit dem Klebeband eine Kordel, um die Fächerkugel aufzuhängen.

Riesen-Waben-Kugel

Material: Pappe, Schere, Stift, silbernes Tonpapier, Tacker, Kordel
Alter: ab 5 Jahren

Die Gruppenleitung schneidet aus der Pappe zwei Schablonen: einen Kreis (ca. 10 cm Ø) und ein gleichschenkliges Dreieck (Seitenlänge ca. 9 cm).
Die Kinder übertragen 20 Kreise mit der Schablone auf Tonpapier und schneiden diese aus.
Mithilfe der Dreieckschablone zeichnen sie ein Dreieck in die Mitte jedes Kreises.
Dort, wo die Dreieckspitzen den Kreisrand berühren, schneiden sie kleine dreieckige Einkerbungen in den Kreis (s. Abb.).
Die Kinder falten alle Kreise entlang jeder der eingezeichneten Dreieckslinien.
Die umgeknickten Rundungen aller Kreise tackern die Kinder nach und nach aneinander, sodass auf wunderbare Art und Weise eine Kugel entsteht.
Zum Schluss tackern die Kinder eine Kordel an eine abstehende Rundung, an der die Kugel aufgehängt werden kann.

Tütenkugel

Material: Pappe, Stift, Schere, Goldfolie, Schere, Klebstoff, Goldfaden
Alter: ab 5 Jahren

Die Gruppenleitung schneidet aus der Pappe eine Kreisschablone mit 6 cm Ø aus.
Die Kinder zeichnen mit der Schablone zehn Kreise auf die Goldfolie und schneiden diese aus.
Die Kreise werden auf der Hälfte zusammen- und wieder auseinander gefaltet, sodass eine Mittellinie entsteht, die den Kreis in zwei Halbkreise unterteilt.
Von einer Seite der Linie schneiden die Kinder den Kreis bis zur Mitte ein.
Aus den beiden zur Hälfte verbundenen Halbkreisen rollen sie zwei zusammenhängende Tüten und kleben sie aneinander fest (s. Abb.).
So entstehen zehn Doppeltütchen, die alle zu einer Kugel aneinander geklebt werden. Bevor die Kinder das letzte Doppeltütchen ankleben, ziehen sie durch eine Tütenspitze einen Goldfaden zum Aufhängen.
Hinweis: Mehrere Tütenkugeln in unterschiedlichen Größen sind ein schöner Baumschmuck.

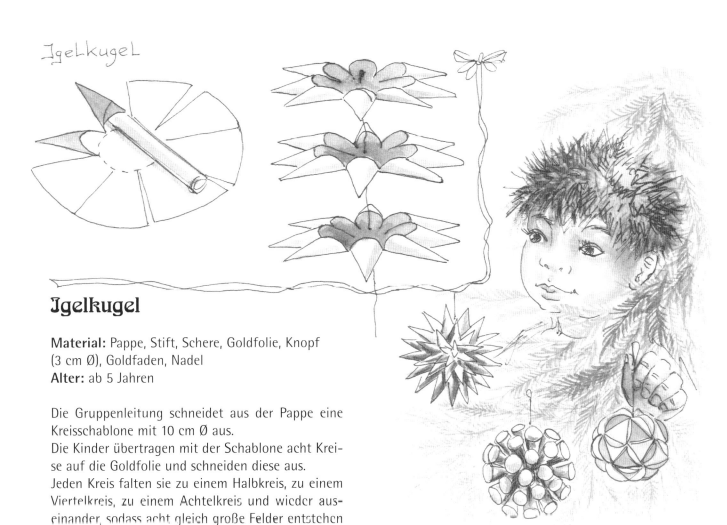

Igelkugel

Material: Pappe, Stift, Schere, Goldfolie, Knopf (3 cm Ø), Goldfaden, Nadel
Alter: ab 5 Jahren

Die Gruppenleitung schneidet aus der Pappe eine Kreisschablone mit 10 cm Ø aus.
Die Kinder übertragen mit der Schablone acht Kreise auf die Goldfolie und schneiden diese aus.
Jeden Kreis falten sie zu einem Halbkreis, zu einem Viertelkreis, zu einem Achtelkreis und wieder auseinander, sodass acht gleich große Felder entstehen mit einem Kreismittelpunkt.
Auf diesen Punkt legen die Kinder den Knopf und umfahren ihn mit einem Stift.
Die Faltlinien werden bis zu dieser markierten Linie eingeschnitten (s. Abb.).
Aus den so entstandenen Abschnitten formen die Kinder kleine Tütchen, indem sie die beiden Flügel eines jeden Abschnitts um einen dünnen Stift rollen und die überlappenden Hälften mit Klebstoff aufeinander fixieren. Jeder Kreis besteht aus acht kleinen Tütchen.
Haben die Kinder alle acht Kreise zu Tütensternen geformt, werden vier davon hintereinander mit der Öffnung nach oben und darauf vier mit der Öffnung nach unten auf einen Goldfaden aufgezogen. Dazu durchstechen die Kinder den Mittelpunkt der Sterne.
Die acht Sterne werden fest aufeinander gedrückt und der Faden oben und unten verknotet. Der Faden dient gleichzeitig als Aufhänger.
Hinweis: Mehrere Igelkugeln in unterschiedlichen Größen stellen einen wunderschönen und prachtvollen Weihnachtsbaumschmuck dar.

Goldener Naturschmuck

Weihnachten ist ein glanzvolles Fest, und welches Material glänzt mehr als Gold? Mithilfe von Goldfarbe wird aus einfachen Naturmaterialien ein kostbar wirkender Baumschmuck!

Material: weihnachtliche getrocknete Naturmaterialien (Walnüsse, Erdnüsse, Zapfen, Bucheckern, Kastanien, Eicheln usw.), goldene Plakafarbe, Pinsel, Bouillon- oder dünner Golddraht
Alter: ab 4 Jahren

Die Kinder malen die getrockneten Naturmaterialien mit dem Pinsel golden an und lassen die Farbe trocknen.
Um jeden Baumschmuck wird ein Stück Draht als Aufhänger befestigt.
Hinweis: Der goldene Naturschmuck passt auch zur „Natur-Dekoration" ab S. 22.

Natur-Dekoration

Weihnachtschmuck aus Ton

Material: roter Ton oder tonähnliches Material (Efaplast oder Modelliertiege), Wasserbecher, Geschirrtuch, Nudelholz, weihnachtliche Plätzchenausstecher, Stricknadel, rotes Satinbändchen, Schere
Alter: ab 4 Jahren

Die Kinder kneten einen faustgroßen Klumpen Ton geschmeidig und benetzen ihn dabei immer wieder mit Wasser.
Sie legen den Klumpen auf ein Geschirrtuch, drücken ihn flach und rollen ihn mit dem Nudelholz gleichmäßig 0,4 cm dick aus. Dabei wird der Ton mehrmals von einer Seite auf die andere gedreht, um das Ausrollen zu erleichtern.
Aus der Tonfläche stechen die Kinder mit den Backförmchen Sterne, Engel, Tannenbäume, Kringel usw. aus.
Mit einer Stricknadel stechen sie in den noch feuchten Ton am oberen Rand der einzelnen Figuren ein kleines Loch.
Die Formen müssen ca. 14 Tage trocknen und können dann gebrannt werden.
Mit einem schmucken Satin-Weihnachtsband, das die Kinder durch das Loch fädeln, befestigen sie die Tonplätzchen am Baum.

Seilkugel

Material: Seil oder Kordel, Weißleim (Bastelladen), 1 Styroporkugel, braunes Packpapier, Temperafarbe, Pinsel, Kleister; evtl. 1 Luftballon, Nadel
Alter: ab 4 Jahren

Die Kinder ziehen das Seil oder die Kordel durch den Weißleim und umwickeln damit spinnennetzartig die Styroporkugel.
Sobald das Seil getrocknet ist, überkleben die Kinder die Weihnachtskugel mit Packpapierschnipseln, die sie in Kleister tauchen und dachziegelartig auf die Kugel und über das Seil legen.
Die Kinder streichen das Packpapier glatt und lassen die Kugeln trocknen. So entstehen naturbraune Kugeln mit einer interessanten Oberflächen-Struktur.

Variante

Die Kinder umwickeln mit einem schönen Seil einen kugelgroß aufgeblasenen Luftballon. Ist das Seil getrocknet, bringen sie den Ballon zum Platzen und erhalten so eine außergewöhnliche, filigrane Seilkugel!

Weihnachtsschmuck aus der Holzwerkstatt

Material: Sperrholzreste, Bleistift, Plätzchenausstecher, Laubsäge, Sägeblätter, Laubsägetischen, 2 Schraubzwingen, Sandpapier, kleiner Bohrer, dickes Stück Holz, dünnes Schmuckband; evtl. Tempera- oder Aquarellfarbe, Pinsel, Klarlack
Alter: ab 6 Jahren

Die Kinder malen einfache weihnachtliche Motive mit Bleistift auf die Sperrholzreste, z.B. mithilfe von Plätzchenformen, die sie mit dem Stift umfahren. Die Formen sollten nicht zu filigrane Ecken aufweisen.

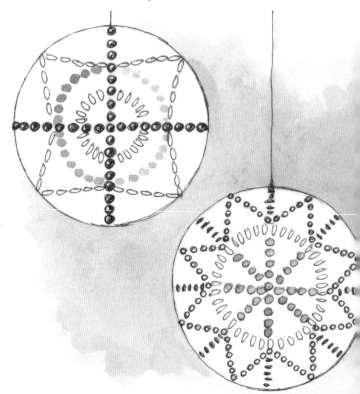

Mithilfe der Gruppenleitung sägen die Kinder die Motive mit der Laubsäge aus. Behilflich ist dabei das so genannte „Laubsägetischen", das mit einer Schraubzwinge am Tisch befestigt wird. Darauf befestigen die Kinder ihr Werkstück mit einer zweiten Schraubzwinge, wodurch die Führung der Laubsäge erleichtert wird. Die Kinder führen die Säge im rechten Winkel zum Werkstück, damit das Sägeblatt nicht bricht.
Die ausgesägten Motive schmirgeln die Kinder an den Kanten mit Sandpapier glatt.
Mit einem kleinen Bohrer bohren sie mithilfe der Gruppenleitung ein Loch in den oberen Rand der Laubsägearbeit. Dafür sollten sie am besten ein dickeres Stück Holz unterlegen.
Durch das Loch ziehen sie ein dünnes Schmuckband als Aufhänger. Der fertige Natur-Holzschmuck ist sehr reizvoll und sorgt für adventliche Stimmung am Weihnachtsbaum.

Variante

Die Kinder malen den Holzschmuck bunt an und überziehen ihn zum Schutz mit Klarlack.

Bienenwachs-Schmuck

Material: Bienenwachsplatten, Plätzchenausstecher, Golddraht, Zange
Alter: ab 4 Jahren

Die Kinder legen die Bienenwachsplatten auf einen nicht zu heißen Heizkörper, damit sie durch die Wärme biegsam und geschmeidig werden.
Mit den Plätzchenformen stechen sie aus den Platten weihnachtliche Motive aus.
Sind die Motive wieder abgekühlt und hart, werden sie spinnennetzartig mit Golddraht umwickelt.
Aus dem Draht biegen die Kinder zum Schluss eine kleine Schlaufe, an der sie den Baumschmuck aufhängen können.

Christbaummandala aus Kernen

Material: feste Pappe, Schere, Bleistift, getrocknete Früchte und Kerne (z.B. Sonnenblumenkerne, Linsen, Erbsen, Bohnen, Eicheln ...), Klebstoff, Goldkordel, Nadel
Alter: ab 5 Jahren

Die Gruppenleitung schneidet aus der Pappe eine Kreisschablone mit 6 cm Ø.
Die Kinder übertragen den Kreis mehrfach auf die Pappe und schneiden die Kreise aus.
Mit Körnern und getrockneten Früchten arrangieren sie Mandalamotive und kleben die Materialien auf der Pappe fest. Beim Legen der Motive können die Kinder sich von innen nach außen oder von außen nach innen vorarbeiten.
Durch den Rand der Mandalas ziehen sie mit einer Nadel eine Goldkordel, um sie als Baumschmuck aufhängen zu können.
Hinweis: Besonders schön werden die Körnermandalas, wenn die Kinder ein symmetrisches Muster entwerfen.

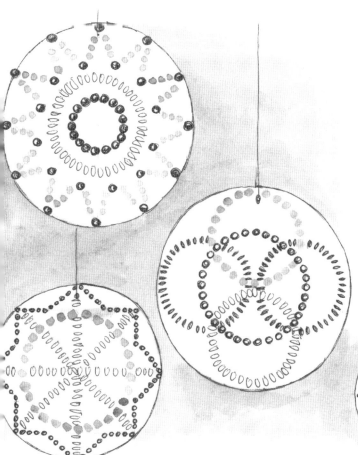

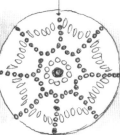

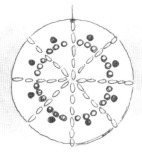

Einfache Strohsterne

Material: Strohhalme, Schüssel, Handtuch, Stecknadel, Korken, Nähgarn, Schere
Alter: ab 5 Jahren

Für Strohsterne müssen zunächst die Halme in einer Schüssel mit warmem Wasser für ca. 1/2 Std. einweichen.
Die Kinder nehmen sie aus dem Wasser heraus und lassen sie auf einem Handtuch abtropfen.
Für das Binden der Sterne nehmen die Kinder zwei noch weiche Halme und legen sie über Kreuz. Mit einer Stecknadel fixieren sie die Kreuzung auf einem Korken.
Mit dem Garn weben die Kinder abwechselnd über und unter den beiden Halmen hindurch und verknoten den Faden (s. Abb.).
Auf die gleiche Art und Weise entsteht ein zweites Strohkreuz.
Beide Kreuze werden übereinander gelegt und mit der Nadel auf dem Korken fixiert.
Sie werden wiederum mit dem Garn miteinander verwoben und der Faden am Ende zu einem Aufhänger verknotet.
So entsteht ein einfacher Strohstern, der den Natur-Baum wunderbar schlicht schmückt.

Variante

Wer einen Strohstern mit mehr Strahlen haben möchte, muss weitere Strohkreuze binden und sie miteinander verbinden. Je mehr Strohkreuze, desto mehr Strahlen hat ein Strohstern.

Strohsterne aus Strohspan

Material: Strohhalme, Schüssel, Handtuch, Messer oder Nadel, Bügeleisen, Klebstoff
Alter: ab 5 Jahren

Die Kinder lassen die Halme wie unter „Einfache Strohsterne" beschrieben (s.o.) einweichen und abtropfen.
Um Strohspan zu erhalten, ritzen sie mit einem kleinen Messer oder einer Nadel die weichen Halme auf und bügeln diese mithilfe der Gruppenleitung auf niedriger Stufe flach.
Im Gegensatz zum Strohhalm lässt sich der Strohspan kleben. Dazu legen die Kinder zwei Strohkreuze (s.o. „Einfache Strohsterne") und verbinden den Strohspan mit Klebstoff.
Beide Kreuze legen die Kinder versetzt übereinander und kleben diese wieder aufeinander.
Hinweis: Je mehr Strahlen der Stern haben soll, desto mehr Strohkreuze müssen die Kinder übereinander kleben.

Traditionelle Elemente 25

Varianten

Die Kinder formen aus dem Strohspan Tropfenformen und Kreise: Für die Tropfenform kleben sie die beiden Enden fest gegeneinander, für Kreise die beiden Enden übereinander (s. Abb.).

★ Durch Kombination von kleinen Kreisen mit großen Kreisen entstehen blumenartige Sterne.
★ Durch das Zusammenkleben von kleinen Tropfenformen mit großen Tropfenformen entstehen wunderschöne Sterne.
★ Stecken die Kinder mehrere Ringe zusammen und kleben sie fest, entstehen Strohkugeln.
★ Verhaken die Kinder Strohringe ineinander, entsteht eine Strohkette.
★ Die Spitzen der Sterne können die Kinder kunstvoll einschneiden.

Hinweis: Strohhalmsterne lassen sich auch mit Strohspan kombinieren. Am besten probieren die Kinder sich einfach mal in der Gestaltung mit Stroh, dann werden sie sicher viele Ideen entwickeln, wie sie Strohhalme und Strohspan einsetzen können.

Beerenkringel

Material: Basteldraht, Seitenschneider, rote Beeren oder Hagebutten, Schmuckband; evtl. Mandeln
Alter: ab 5 Jahren

Die Kinder zwicken mit dem Seitenschneider ein ca. 15-20 cm langes Stück Draht ab.
Auf den Draht fädeln sie nacheinander die Beeren auf.
Ist die Drahtform fast mit Beeren gefüllt, formen die Kinder den Draht zu einem Kreis und biegen beide Enden jeweils zu einer Öse. Sie verhaken die Ösen ineinander und verschließen somit die Form.
Mit einem schönen Schmuckband binden die Kinder den kostbaren Perlenschmuck am Weihnachtsbaum fest.

Varianten

★ Auch Mandeln lassen sich auffädeln und zu Kringeln biegen.
★ Aus den Kringeln lässt sich sehr einfach eine Herzform biegen.

Rot-Grün-Dekoration

Fröbelstern

Es gibt kaum einen Stern, der traditionsreicher ist als der Fröbelstern. Er wurde vom Pädagogen Friedrich Wilhelm August Fröbel (1782–1852) als Faltstern erarbeitet und besticht immer wieder durch sein Aussehen und seine Falttechnik.

Material: textiles Geschenkband in Rot und Grün mit Drahteinfassung (2 cm breit), Schere
Alter: ab 6 Jahren

1. Von dem Geschenkband werden vier 30 cm lange Streifen geschnitten.
2. Alle Streifen werden in der Mitte gefaltet und verwebend über Kreuz ineinander gesteckt (s. Abb.).
3. Die jeweils oben liegenden Bänder werden nacheinander über die Mitte in die entgegengesetzte Richtung geknickt.
4. Dabei wird der 4. Streifen unter dem 1. Streifen hindurchgezogen und dadurch verwebt (s. Abb.).
5. Der rechte obere Streifen wird schräg nach hinten weggeknickt (s. Abb.).
6. Derselbe Streifen wird wieder schräg nach vorne umgebogen, sodass ein Dreieck entsteht.
7. Die rechte Hälfte dieses Dreiecks wird (ohne den darunter liegenden Streifen) nach links geknickt.
8. Der untere Teil des Dreiecks wird unter den 2. Streifen geschoben.
9. Die Schritte 5–8 werden mit den drei anderen Streifen wiederholt (s. Abb.).
10. Der Stern wird umgedreht und die Schritte 5–8 werden mit den vier restlichen abstehenden Streifen wiederholt.

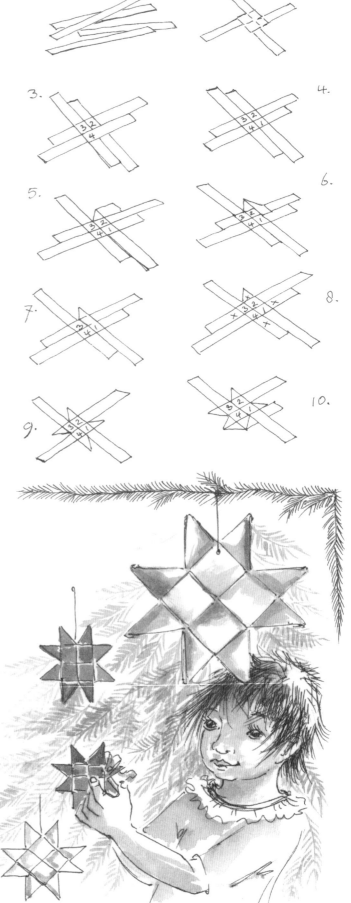

Filz-Geschenkherz

Material: Filzplatten in Rot und Grün, Schere, Goldkordel, kleine Überraschung
Alter: ab 5 Jahren

Entsprechend der Schnittmusterzeichnung schneiden die Kinder aus dem roten und grünen Filz je eine ovale Grundform zu (s. Abb.).
Sie falten die Form auf der Hälfte, sodass die Rundungen randbündig übereinander liegen.
In die gefaltete Grundform werden zwei Schlitze geschnitten (s. Abb.).
Die Kinder verweben die beiden Teile miteinander, indem sie abwechselnd die Streifen ineinander schieben, bis alle Streifen miteinander verwoben sind. Dabei kommt ein Herz zum Vorschein, das sich wie eine kleine Tasche öffnen lässt.
Ziehen die Kinder eine Goldkordel oben durch beide Herz-Seiten, können sie das Herz als Baumschmuck verwenden und mit einer kleinen Überraschung füllen.

Gefilzter Weihnachtsschmuck

Material: weihnachtliche Plätzchenausstecher, Schaumstoff (ca. 4 cm dick), rote und grüne Filzwolle, Filznadel, Nadel, Faden
Alter: ab 4 Jahren

Die Kinder legen einen Plätzchenausstecher auf den Schaumstoff und füllen die Form mit Filzwolle aus. Sie halten den Ausstecher fest und stechen mit der Filznadel immer wieder in die Wolle, bis diese sich festigt, sodass die Wollfasern miteinander verbunden werden.
Ist die Wolle verfilzt, nehmen die Kinder das Motiv aus der Form heraus, fädeln es mit einer Nadel auf einen Schmuckfaden und verknoten den Faden als Aufhänger zu einer Schlinge.

Filzkugel

Material: Märchenwolle in Rot und Grün, 1 Styroporkugel, Filznadel, Goldkordel
Alter: ab 5 Jahren

Die Kinder zupfen von der Märchenwolle in einer Farbe kleine Stücke ab und legen sie um die Styroporkugel.
Um die Wolle auf der glatten Kugel zu befestigen, stechen die Kinder immer wieder mit der Filznadel in die Kugel, bis die Wolle fixiert ist.
Um die unifarbene Kugel interessanter zu gestalten, legen sie kleine Wollreste in Form eines bestimmten Motivs oder einfach als bunte Tupfen auf die bereits entstandene Filzfläche und stechen erneut mit der Filznadel in die Wolle ein.
Mit ein paar Nadelstichen nähen die Kinder die Goldkordel an die gefilzte Kugel, um sie am Baum aufhängen zu können.

Nasch-Dekoration

Backen gehört zu den wichtigsten Weihnachtsvorbereitungen. Süße Düfte erfüllen die Räume und künden vom kommenden Weihnachtsfest.
Um das Backwerk noch besser zur Geltung kommen zu lassen, bietet es sich als Tannenbaumdekoration an. Der mit Naschwerk und Zuckerzeug geschmückte Baum lässt besonders Kinderaugen leuchten und lädt mit seinem duftenden Behang zum Schnuppern und natürlich zum Naschen ein.

Transparentes Gebäck

Zutaten: 120 g Butter, 250 g Zucker, 3 Eier, 1 Mandelbitteraroma, 1 Msp. Hirschhornsalz, 500 g Mehl, 100 g Fruchtbonbons
Material: 2 Stern-Plätzchenausstecher in verschiedenen Größen, Nadel, Schmuckkordel
Alter: ab 5 Jahren

Alle Zutaten bis auf die Bonbons werden in der angegebenen Reihenfolge nach und nach zu einem süßen Knetteig vermengt.
Der Teig wird ca. 5 mm dick ausgerollt und daraus mit dem großen Förmchen Sterne ausgestochen.
Aus der Mitte der Sterne wird jeweils ein kleiner Stern ausgestochen.
Beide Formen, die kleinen Sterne und die großen Sterne mit dem Sternloch in der Mitte, werden auf ein Backblech gelegt.
Die Bonbons werden zerstoßen und die Krümel in das Innere der großen Sterne gefüllt.
Alle Sterne werden bei 180 °C auf mittlerer Einschubhöhe ca. 14 Min. abgebacken. Dabei verwandeln sich die Fruchtbonbons zu einer transparenten Plätzchenfüllung.
Sind die Plätzchen abgekühlt, ziehen die Kinder mit einer Nadel eine Kordel durch eine Sternspitze und hängen die Sterne in den Tannenbaum. Dort wirken die Fruchtbonbons wie eingebackene bunte Glassteine.
Die kleinen Sterne dagegen können sie sich gleich nach dem Abkühlen schmecken lassen!

Varianten

Viele der Rezepte in diesem Buch eignen sich sehr gut für einen Tannenbaum voller Naschwerk!
* ★ **Hefekringel:** Statt eines großen Kranzes wie beim „Gebackenen Adventskranz" (s.S. 13 flechten die Kinder viele kleine Kringel oder Herzen. Mit einem roten Schmuckband aufgehängt sind sie eine Augenweide am Weihnachtsbaum.
* ★ **Nostalgischer Lebkuchenschmuck** (s.S. 58): Mit einer durchgefädelten Schmuckkordel versehen wird dieser Lebkuchen zu einem wahren Hingucker am Baum.
* ★ **Gewürznüsse** (s.S. 58): Aus dem ausgerollten Teig werden Plätzchen ausgestochen. Gebacken und auf eine Schmuckkordel aufgefädelt laden sie sicher gleich am Baum zum Naschen ein.
* ★ **Glitter-Festtagsplätzchen** (s.S. 93): Mit einer durchgefädelten Schmuckkordel sind auch diese Plätzchen nicht nur ein glanzvoller Augenschmaus.

Süße Tannenzapfen

Material: Fichtenzapfen, Schmuckband, Schokoladenplätzchen mit buntem Streuzucker
Alter: ab 4 Jahren

Die Kinder legen den Fichtenzapfen auf die Heizung, um ihn zu trocknen. Dabei öffnen sich seine Schuppen. In die oberste weit geöffnete Schuppe binden die Kinder ein Schmuckband, um den Zapfen später aufhängen zu können; eine Schleife verziert den Zapfen zusätzlich.
In die anderen Schuppen stecken die Kinder an der Spitze beginnend Schokoladenplätzchen mit buntem Streuzucker, bis der Zapfen völlig mit den Plätzchen bedeckt ist.
Den süßen Fichtenzapfen hängen die Kinder in den Tannenbaum.

Weihnachtliche Nischen und Ecken

Geheimnisecke

Weihnachtszeit – geheimnisvolle Zeit. Zeit der verschlossenen Türen, der versteckten Geschenke, Gebäckdosen und Wunschzettel. Diesem Bedürfnis der Kinder nach Geheimnissen und Wünschen kann in Gruppenräumen mit einer schnell gestalteten Geheimnisecke während der Adventszeit Rechnung getragen werden.

Raumvorbereitung

Material: Tücher, Stellwand, Regal, Tisch, Stühle, Buntstifte, Umschläge, Schreib- und Zeichenpapier, Klebstoff, Goldfolie

Ein kleiner Teil des Gruppenraumes wird durch Tücher, Trennwände und Regale so abgehängt und abgeteilt, dass die Kinder sich dahinter unbeobachtet fühlen. In diese Ecke stellen sie einen Tisch und ein paar Stühle.
Buntstifte, Umschläge, Schreib- und Zeichenpapier, Klebstoff und Goldfolie sollten dort bereitliegen für eigene Ideen und freie „Geheimniszeit". Zusätzlich lässt sich die Geheimnisecke für die folgenden Aktivitäten nutzen. Je näher das Weihnachtsfest rückt, umso heimeliger wird die Ecke durch schon fertige Dekorationen und Basteleien.
Hinweis: Eine schöne Ergänzung für die Geheimnisecke ist auch die „Adventliche Überraschungsschale" (s.S. 8).

Himmlische Postadressen

Bei den „Himmlischen Postadressen" handelt es sich um weihnachtlich klingende und tatsächlich existierende Ortsanschriften. Die Orte garantieren in der Weihnachtszeit Kindern einen Antwortbrief, wenn sie dorthin ans Christkind oder den Weihnachtsmann schreiben. Die geheimen Briefe sind in der Geheimnisecke gut aufgehoben!

Material: Schreibsachen, Buntstifte, Umschlag
Alter: ab 4 Jahren

Kinder, die bereits schreiben können, haben die Möglichkeit ans Christkind, den Weihnachtsmann oder den Nikolaus einen Brief zu schreiben. Jüngere Kinder malen stattdessen ein Bild, um das Christkind an Weihnachten zu sich einzuladen oder um dem Weihnachtsmann nach Weihnachten danke zu sagen. Vielleicht fallen den Kindern auch noch ganz andere Gründe für einen Brief oder ein Bild ein? Bei der Adresse hilft die Gruppenleitung:

In Brandenburg:
16798 Himmelpforte

In Niedersachsen:
21706 Himmelpforten

Himmelsthür
31137 Hildesheim

Nikolausdorf
49681 Garrel

In Nordrhein-Westfalen:
51766 Engelskirchen

Im Saarland:
Sankt Nikolaus
66352 Großrosseln

In Bayern:
97267 Himmelstadt

Wunschzettel ans Christkind

Was wäre Weihnachten ohne einen Wunschzettel? Auf diesem sammeln die Kinder all das, was sie sich von Herzen zu Weihnachten wünschen.

Material: Kataloge, Zeitschriften, Schere, Klebstoff, Kopierpapier, Briefumschlag, Buntstifte, Teelicht, Streichhölzer, Plätzchen, Glitzerstaub
Alter: ab 4 Jahren

Alle Kinder gestalten ihren Wunschzettel als Collage. Dazu schneiden sie aus Katalogen und Zeitschriften ihre Wünsche aus und kleben sie auf das Kopierpapier.
Den Wunschzettel falten die Kinder zusammen, stecken ihn in einen Briefumschlag und bemalen diesen. Natürlich freut sich das Christkind, wenn der Wunschzettel und der Briefumschlag besonders schön gestaltet sind.
Doch wie erreicht nun der Brief das Christkind? Ganz einfach: Die Kinder legen am Abend den Brief auf das Fensterbrett. Daneben stellen sie ein brennendes Teelicht auf, damit die Engel den Wunschzettel gleich finden. Als Wegzehrung für die Engel legen die Kinder ein paar Weihnachtsplätzchen neben den Wunschzettel.
Über Nacht nehmen die Eltern oder die Gruppenleitung die Wunschzettel an sich, löschen die Kerze und lassen neben ein paar Plätzchenkrümeln etwas Glitzerstaub zurück als Hinweis für die Kinder, dass die Engel tatsächlich ihren Wunschzettel gefunden haben und nun an das Christkind weiterleiten.

Der Wunschzettel

„Das Weihnachtsfest naht schon heran" –
der Hansel sagt's beim Essen –,
„die Wünsche meld' ich euch jetzt an,
ihr dürft sie nicht vergessen!

Um Ski und Schlittschuh' möchte ich
euch ganz besonders bitten;
auch fehlt, ihr wisst es sicherlich,
mir noch ein neuer Schlitten.

Drei dicke Bücher wünsch' ich mir,
Briefmarken auch daneben,
dazu ein Album und Papier,
um sie schön einzukleben.

Ein Domino, ein Schachbrettspiel,
ein Kasperletheater –
und einen neuen Peitschenstiel
vergiss nicht, lieber Vater!

Und viele Tiere auch von Holz
und andere aus Pappe,
Indianerfederkopfschmuck stolz
und eine neue Mappe.

Ein Brennglas, eine Kamera,
ein Blitzlicht für die Nacht –
ich knipse dann von fern und nah,
wie sich's gerade macht.

Und einen großen Tannenbaum,
dran hundert Lichter glänzen,
mit Marzipan und Zuckerschaum
und Schokoladenkränzen.

Doch scheint euch dies ein wenig viel,
so könnt ihr daraus wählen.
Es könnte wohl der Peitschenstiel
und auch die Mappe fehlen!"

Als Hansel so gesprochen hat,
sieht man die Eltern lachen.
„Was willst du, kleiner Nimmersatt,
mit all den vielen Sachen?"

„Wer soviel wünscht", der Vater spricht,
„bekommt auch nicht ein Achtel.
Er kriegt ein ganz klein wenig Nix
in einer Pfennigschachtel."

(Heinrich Seidel)

Weihnachtliche Wunschbox

Bereits in der voradventlichen Zeit baut jedes Kind für seine Wünsche ans Christkind eine persönliche Wunschbox. Diese findet ihren Platz auf dem Regal in der Geheimnisecke. Immer dann, wenn ihnen etwas einfällt, was sie sich wünschen, schreiben oder malen die Kinder diesen Wunsch auf einen Zettel und werfen ihn in ihre Wunschbox.

Material: Schuhkarton, Klebstoff, Weihnachtspapierreste, Goldfolie, Cutter, dicker Filzstift; evtl. 1 Foto von jedem Kind
Alter: ab 5 Jahren

Zur Gestaltung der Wunschbox bekleben die Kinder einen Schuhkarton mit bunten Weihnachtspapierresten und Goldfolie, bis nichts mehr vom Schuhkarton zu sehen ist.
Ist die himmlische Wunschbox samt Deckel beklebt, ritzt die Gruppenleitung mit einem Cutter in die Mitte des Deckels einen Einwurfschlitz für die Wunschzettel. Damit jedes Kind seine Box wieder findet, schreibt es mithilfe der Gruppenleitung mit einem dicken Filzstift seinen Namen darauf. Alternativ kleben die Kinder ein kleines Foto von sich auf die Box.
Ritualisiert darf an einem bestimmten Tag in jeder Adventswoche jedes Kind seine Box öffnen und schauen, was es bis zum Tag X gesammelt hat. Was ist ihnen jetzt immer noch wichtig? Was war nur eine Spontanidee? Haben sich Wünsche verändert? Welche sind wirklich wichtig? Nur die wichtigen Wünsche legen die Kinder wieder in die Wunschbox zurück. Wer mag, zeigt in einer anschließenden Gruppenrunde, für welche Wünsche er sich entschieden hat und wo er noch unschlüssig ist.

Varianten

★ Die Kinder vergeben Punkte und markieren damit ihre Wünsche: drei Punkte für einen großen Wunsch, zwei für einen mittleren und einen für einen kleineren, um ein Gefühl für die Wertigkeit des Geschenks zu bekommen: Ist es besonders teuer? Muss jemand viel Zeit und Arbeit investieren? ...

★ Für alle Kinder gibt es eine klare Begrenzung: Es dürfen nicht mehr als drei Wünsche in der Box sein. Hat ein Kind einen vierten Wunsch, muss es sich überlegen, ob dieser Wunsch so bedeutsam ist, dass es bereit ist, einen anderen Wunsch aus der Box herauszunehmen. So erhalten die Kinder ein Gefühl für ihre wirklich wichtigen Wünsche.

★ Alle Kinder basteln eine gemeinsame Gruppenbox. Auch hier sollten immer nur eine zuvor festgesetzte Anzahl von Wünschen in der Box liegen: Was wünscht sich die Gruppe zu Weihnachten? Vielleicht ein neues Buch für die Bilderbuchecke oder einen neuen Hüpfball für draußen, die Einrichtung einer Kuschelecke oder ab Januar eine Tanzstunde pro Woche usw.? Gemeinsam entscheiden die Kinder, welche drei Wünsche sie zum Schluss in der Wunschbox belassen wollen, von denen das Christkind hoffentlich einen erfüllen wird.

Weihnachtliche Nischen und Ecken 33

Weihnachtswunsch-Ast

Kinder haben viele – oft materielle – Wünsche. Doch gibt es im Wunschzettelkatalog auch viele Wünsche, die sich nicht beim Einkauf erfüllen lassen. Die Erfüllung dieser Wünsche liegt manchmal nicht in unseren Händen und lässt sich vor allem nicht mit Geld kaufen. Um solche Wünsche geht es bei diesem Angebot.

Material: Buntstifte, Goldstift, buntes Faltpapier, Locher, Naturbast, 1 großer, knorriger Ast
Alter: ab 4 Jahren

Die Kinder malen oder schreiben lauter Wünsche auf, die nicht mit Geld zu bezahlen sind: einen neuen Freund finden, weniger Streit in der Kindergruppe, einen gemütlichen Vorleseabend mit weihnachtlichen Geschichten, endlich in die Schule kommen, dass Mama schnell wieder gesund wird ...
Pro Wunsch nutzen die Kinder einen bunten Zettel. Mit einem Locher stanzen die Kinder ein Loch in die Zettel, um sie mit Naturbast an einen großen, knorrigen Ast in der Geheimnisecke zu hängen.
Gemeinsam mit den Kindern schaut die Gruppenleitung die Wünsche an und überlegt, ob sich manche Wünsche vielleicht erfüllen lassen, z.B. indem sich alle gemeinsam etwas vornehmen, oder wie sich Wartezeiten verkürzen lassen. Manchmal hilft es sicher auch, wenn alle zusammen ganz fest an die Erfüllung eines Wunsches glauben!

Weihnachtliches Siegel

Hochgeheime oder feierliche Briefumschläge tragen Siegel. Um den Wunschbrief zu versiegeln oder aber der Weihnachtspost einen feierlichen Ausdruck zu geben, können Kinder selbst ein Siegel anfertigen.

Material: Rundholzstücke (7–8 cm Ø), Kugelschreiber, Prägefolie, Metalldrückwerkzeuge, weiche Unterlage, Schere, Alleskleber, Siegellack, Kerze
Alter: ab 5 Jahren

Die Kinder umfahren den Durchmesser der Rundholzstücke mit Kugelschreiber auf der Prägefolie.
Sie legen die Folie auf eine weiche Unterlage und prägen mit den Metalldrückwerkzeugen ein weihnachtliches Motiv hinein.
Das Motiv schneiden sie mit 1,5 cm Randzugabe aus und schneiden die Zugabe in kleinen Abständen ein.
Das Motiv kleben die Kinder an einem Ende des Rundholzes so auf, dass das geprägte Motiv nach außen tritt. Die eingeschnittenen Zugaben falten die Kinder nach oben um und kleben diese dort fest. Die fixierte Zugabe verdecken die Kinder durch Umkleben mit einem Prägefolienstreifen – fertig ist das Siegel!
Mit Siegellack, den die Kinder vorsichtig über einer Kerze erhitzen und dann über Papier halten, können die Kinder das Siegel prägen. Schnelligkeit ist hier gefragt: Das Siegel muss zügig in den noch flüssigen Siegellack auf dem Papier gedrückt werden, damit das Motiv sichtbar wird. So lassen sich schmuckvoll geheime Wunschzettel-Briefumschläge oder Geschenke verschließen.

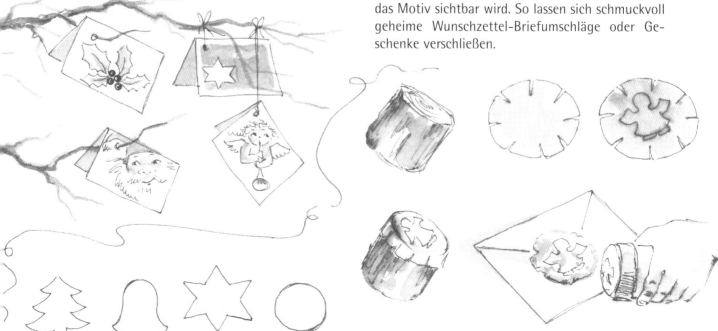

Weihnachtsstempel

Der Weihnachtsstempel ergänzt wie das Siegel (s.S. 33) als Aufdruck für Geschenkanhänger und Weihnachtspost die Geheimnisecke.

Material: Radiergummi oder ein Stück Kautschuk, Stift, kleines Küchenmesser oder Linoldruckmesser, Stempelkissen; evtl. Styropor-Obstschale, Streichholzschachtel oder Holzblock, Alleskleber, Kartoffel, Pinsel, Tempera- oder Deckmalfarbe
Alter: ab 6 Jahren

Die Kinder zeichnen mit einem Stift ein einfaches Motiv auf den Radiergummi. Am besten geeignet sind Formen mit geraden Kanten.
Mit dem Messer schneiden sie mithilfe der Gruppenleitung ganz vorsichtig ca. 2 mm tief die Linien nach. Dabei schneiden sie immer vom Körper weg, damit sie sich nicht verletzen. Alles, was nicht gedruckt werden soll, schneiden und ritzen sie in ca. 2 mm Höhe weg.
Nun kann das Stempeln losgehen! Sehr schön sieht der Stempel auf der Rückseite eines Briefumschlags oder auf Paketanhängern aus.

Varianten für jüngere Kinder

★ Die Kinder ritzen, drücken oder prickeln das aufgezeichnete Motiv mit einem Kugelschreiber in den Radiergummi.

★ Die Kinder drücken ihr Motiv statt in den Radiergummi mit einem Kugelschreiber in eine Styropor-Obstschale ein. Die eingeritzten Motive schneiden sie aus und kleben sie auf eine Streichholzschachtel oder einen kleinen Holzblock. Dadurch wird der Duckstock etwas handlicher für die Kinder.

★ Für einen Kartoffelstempel halbieren die Kinder eine Kartoffel und schnitzen oder ritzen mit einem stumpfen Messerchen das Motiv ein. Zum Druck färben sie mit einem Pinsel den Druckstock mit Deckmal- oder Temperafarben ein.

Duftecke

Weihnachten – Zeit der Düfte und des Naschens. An allen Ecken und Enden duftet es nach Zimt, Anis, Kardamom, Nelken und vielen anderen Gewürzen. Lebkuchenduft, Tannenzweige und Kerzenwachs kitzeln die Nasen. Beim Schälen von Mandarinen und Orangen verteilt sich fruchtig süßer Zitrusduft im Raum, Räuchermännchen verteilen qualmend ihren weihrauchartigen Duft in den Zimmern, und Aromalampen und ätherische Öle sorgen für weihnachtliche Atmosphäre. Der süße Duft von Gebackenem und Gewürzen lässt die Kinder die Gebäckdosen suchen, in denen die leckeren Plätzchen bis Weihnachten versteckt sind, und sogar auf den Weihnachtsmärkten erobern die verschiedensten Gerüche die Nasen und Geschmacksnerven.

Auch in Gruppenräumen ist es möglich, weihnachtliche Atmosphäre durch das Einrichten einer weihnachtlichen Duftecke aufkommen zu lassen. Dort können Kinder die Düfte bewusst wahrnehmen und sich weihnachtlich verzaubern lassen.

Raumvorbereitung

Material: Sideboard, rotes Tischtuch, Tannenzweige, große Schale mit Orangen, Mandarinen, Äpfeln, Datteln und Feigen, Arbeitstisch, Stühle

Die weihnachtliche Duftecke wird eingerichtet, indem die Kinder über ein Sideboard eine rote Decke drapieren, darauf Tannenzweige schmückend verteilen und eine Schale mit Orangen, Mandarinen, Apfelsinen, Datteln und Feigen dort aufstellen. Bereits hier machen die Kinder Duft- und Geschmackserfahrungen, wenn sie eine Dattel oder Feige essen, wenn sie eine Orange oder Mandarine schälen oder einfach mal bewusst an einem Apfel schnuppern.

Auf dem Sideboard arrangieren die Kinder später die Ergebnisse, die sie in der Gruppe zum Thema Duft herstellen (s.u.). In die Nähe des Sideboards stellen sie Tisch und Stühle. Damit ist die weihnachtliche Duftecke eingerichtet.

Hier stellen die Kinder nun Duftiges her und aus, machen weihnachtliche Duft- und Geschmackserfahrungen und lassen sich durch die Gerüche und Düfte in weihnachtliche Traumwelten entführen.

Hinweise:
★ Auf S. 11 findet sich die Anleitung für einen „Adventskranz für die Duftecke"!
★ Als Adventskalender eignet sich der „Rezepte-Kalender" (s.S. 10) für die Duftecke.

Duftmemory

Weihnachtliche Düfte sind geprägt durch Gewürze, die auch Weihnachtsplätzchen duften lassen. Beim Duftmemory lernen die Kinder spielerisch die bekannten Düfte zu benennen und zu unterscheiden.

Material: 18 Filmdöschen, pulverisierte Gewürze (Anis, Koriander, Zimt, Lebkuchengewürz, gemahlene Nelken, Kardamom, Fenchel, Muskat, Orangenschalen), Goldfolie, Fotokarton, Alleskleber, Schere
Alter: ab 5 Jahren

Die Kinder füllen jeweils zwei Filmdöschen mit demselben weihnachtlichen Gewürz und verschließen die Döschen.
Sie kleben Goldfolie auf Fotokarton und schneiden daraus 18 Sterne, die etwas größer sind als der Durchmesser der Dosen.
Die Döschen kleben die Kinder auf die Goldfolienseite der Sterne.
Auf der Unterseite markieren sie durch ein Zeichen jeweils die Döschen, die zusammengehören.
Gespielt wird nach den Regeln des Memory. Dabei öffnen die Kinder zum Riechen kurz den Deckel des Döschens und verschließen ihn wieder.
Das Spiel lässt sich die ganze Advents- und Weihnachtszeit über immer wieder hervorholen und wird zwischendurch auf dem Sideboard in der Duftecke aufbewahrt. Hier können die Kinder auch zwischendurch immer mal wieder an den einzelnen Dosen schnuppern.

Orangenpotpourri

Material: Orange, Küchenmesser, Orangenpresse, getrocknete Tannennadeln, Anissterne, klein geschnittene Zimtstangen; evtl. ätherisches Orangen-Öl
Alter: ab 5 Jahren

Die Kinder zerteilen eine Orange genau in der Hälfte und pressen sie aus.
Eine ausgepresste Orangenschalenhälfte lassen die Kinder trocknen.

Die andere Hälfte zerschneiden sie in viele kleine Stückchen und trocknen diese. Die Kinder mischen Tannennadeln, Anissterne und Zimtstangenstückchen darunter und füllen das Duftpotpourri in die getrocknete Orangenhälfte.
Wer den Duft intensivieren möchte, träufelt noch einige Tropfen ätherisches Öl über die Mischung, und schon entströmt dem Potpourri weihnachtlicher Duft – ein dekoratives Element für die Duftecke!
Hinweis: Das Orangenpotpourri kann auch für die „Adventlichen Duftbeutel" (s.u.) genutzt werden.

Adventliche Duftbeutel

Material: Stoffe (Seide, Samt, weihnachtliches Organza oder weihnachtlicher Baumwollstoff), Zickzackschere, weihnachtliches Duftpotpourri oder Orangenpotpourri (s.o.), weihnachtliches Schmuckband oder Kordel; evtl. ätherische Öle (z.B. Orange, Mandarine, Zimt, Limone, Anis)
Alter: ab 4 Jahren

Die Kinder schneiden mit der Zickzackschere aus Stoff Kreise aus, die einen Durchmesser von 15 cm haben, oder Quadrate mit einer Seitenlänge von 15 cm.
Auf die Stoffformen legen sie soviel Potpourri, dass sie anschließend noch den Stoff mit Schmuckband oder Kordel zusammenbinden können.
Um den Duft etwas zu intensivieren, können die Kinder vor dem Zubinden ein paar Tropfen Duft-Öl hinzufügen.
Die fertigen Duftbeutelchen arrangieren die Kinder auf dem Sideboard in der Duftecke. Von Zeit zu Zeit darf jedes Kind sein Duftbeutelchen auf einen warmen Heizkörper im Gruppenraum legen, sodass sich der Duft durch die Wärme noch stärker im Raum verteilt. Wer in der Nacht vom Christkind träumen möchte, nimmt sein Duftbeutelchen mit nach Hause und riecht vor dem Einschlafen daran. Dann werden sicher Weihnachtsträume wahr ...

Duftende Zapfen

Duftende Zapfen sind Kiefernzapfen, die mit Weihnachtsgewürzen bespickt glanzvolle Weihnachtsdekorationen darstellen.

Material: Kiefernzapfen, Gewürze (Nelken, Sternanis, Zimtstangen, kleine getrocknete Stückchen Orangen- und Zitronenscheiben), kleine Tannenzweige, Boullionddraht (gekräuselter goldener Draht aus dem Bastelbedarf), Nylonfaden, Schere, Heftzwecken; evtl. Duftöl
Alter: ab 4 Jahren

Die Kinder sammeln im Wald Kiefernzapfen und lassen sie trocknen, sodass sich die Schuppen der Kiefern öffnen.
Zwischen die geöffneten Schuppen stecken die Kinder Sternanis, Nelken, kleine Zimtstangen und andere Gewürze.

Den gefüllten Zapfen umwickeln sie mit Boullionddraht. Er veredelt den Kieferzapfen zusätzlich mit seiner goldenen Farbe und verhindert, dass die Gewürze zwischen den Schuppen herausfallen.
Die Kinder verstärken den Duft, wenn sie den Zapfen zusätzlich mit einem weihnachtlichen ätherischen Öl beträufeln.
Die Zapfen sind ein toller Blickfang in der Duftecke, wenn sie mit Nylonfaden an der Decke befestigt werden.
In selbst gestaltetem Papier verpackt (s.S. 66f.) sind die Zapfen ein dekoratives, wohlriechendes Geschenk für die (Groß)eltern.

Glitzernder Zimtteigkerzenständer

Beim glitzernden Zimtteig handelt es sich um einen nicht essbaren Modelliertreig, der seine Farbe und seinen Duft durch das weihnachtliche Zimtgewürz erhält.

Material: 1 Tasse Mehl, 1 Tasse Salz, 1 gehäufter TL Alaun, Zimt, Gold- oder Silberglitter, 1 Teelicht; evtl. Kakaopulver, 1 Ei
Alter: ab 4 Jahren

Die Kinder geben Mehl, Salz, Alaun und 2 EL Wasser in eine Schüssel und vermischen die Zutaten zu einem Knetteig.
Von dem duftenden Zimt fügen sie 2 TL hinzu – wer möchte vorher ein paar Krümel probieren?
Der Zimt wird untergeknetet. Ist der Teig zu feucht, fehlt etwas Mehl, ist er zu trocken, geben die Kinder etwas Wasser hinzu. Fehlt es dem Teig an Farbe, mischen sie noch etwas Zimt bei.
Zuletzt kneten sie den Glitter unter.
Aus dem Teig rollen die Kinder faustgroße Kugeln. Mit der Hand drücken sie diese leicht flach und drücken mit dem Teelicht eine Vertiefung hinein, in der später die Kerze Halt findet.
Die Kerzenständer legen sie auf ein mit Backpapier ausgelegtes Backblech und trocknen sie bei 80 °C im Backofen ca. 1–1,5 Std. Dabei muss die Tür leicht geöffnet sein. Alternativ trocknen die Kerzenständer mehrere Tage an der Luft.
Die fertigen Zimt-Kerzenleuchter stellen die Kinder auf das weihnachtlich dekorierte Duftsideboard und stellen darin die Bienenwachs-Kerzen auf (s.u.).

Variante

Wenn die Kinder statt des Zimts unter 3/4 des Teiges Kakaopulver mischen und auf den Glitter verzichten, können sie daraus dekorative Lebkuchen modellieren. Der dunkle Teig wird zum Lebkuchenteig und aus dem hellen Teil werden Mandeln geformt, die als Dekoration mit Eiweiß auf die Lebkuchen geklebt werden. Achtung: Auch wenn die Lebkuchen noch so lecker aussehen – nicht hineinbeißen!

Bienenwachs-Kerzen rollen

Bienenwachs duftet süß und eindringlich und sorgt bei Kindern für ein intensives Dufterlebnis. Wenn die Kinder in der Duftecke die Kerze rollen, duftet bereits die Bienenwachsplatte. Beim Abbrennen der Kerze ist das Dufterlebnis noch intensiver.

Material: Bienenwachsplatte, Haartrockner, Docht, Schere, Streichhölzer
Alter: ab 4 Jahren

Die Kinder föhnen ihre Bienenwachsplatte mit warmer Luft, sodass sie biegsam wird.
Sie schneiden ein Stück Docht zu, das länger ist als die Wachsplatte breit.
Der Docht wird quer auf den unteren Rand der Wachsplatte gelegt, sodass er auf beiden Seiten ein Stück übersteht. Vorsichtig rollen die Kinder die Wachsplatte um den Docht herum zu einer Kerze auf. Damit die Kerze nicht zu dick wird, rollen sie die Platte möglichst eng auf; ggf. orientieren sie sich an der vorgesehenen Größe der Zimtteig-Kerzenständer (s.o.)!
Den letzten Rand der Platte drücken sie fest an die Kerze.
Die fertigen Kerzen stellen die Kinder in die Zimt-Kerzenständer oder auf eine feuerfeste Unterlage. Wer seine Kerze anzündet, verströmt in der Duftecke wohlig warmen, süßen Weihnachtsduft.

Aniskerze

Die weihnachtliche Aniskerze duftet nicht nur beim Brennen nach dem typischen Weihnachtsgewürz Anis.

Material: 1 helle Stumpenkerze, ca. 200 g Aniskörner (aus dem Gewürzregal), Alufolie, 1 großer und 1 kleiner Topf
Alter: ab 3 Jahren

Die Kinder stellen die Stumpenkerzen auf einen warmen Heizkörper, um die äußere Wachsschicht zu erwärmen.
Währenddessen verteilen sie die Aniskörner auf einem Bogen Alufolie dicht nebeneinander. Dabei sollte jedes Kind einmal intensiv an den Aniskörnern riechen, einige schmecken, zerreiben und an dem entstandenen Pulver lecken.
Ist die äußere Wachsschicht der Kerze so weich, dass ein Daumenabdruck darin sichtbar wird, legen die Kinder die Kerze auf die Alufolie und rollen sie mit Druck im Aniskörnerbad, bis die Körner im Wachs haften bleiben.
Sie rollen die Kerze fest in die Alufolie ein und walzen sie so lange, bis auch das letzte Aniskörnchen im Wachs haftet.
Die Aniskerze ist ein duftendes Geschenk für alle Lieben. Bis Weihnachten erhält sie aber einen Platz in der Duftecke, bis die Kinder sie an Weihnachten mit nach Hause nehmen, um sie zu verschenken.

Orangen dekorieren

Material: Orangen, Stopfnadel, Gewürznelken, schöne Obstschale; evtl. Zestenreißer (Schälmesser für Zitrusfrüchte), Mandarinen, Zitronen
Alter: ab 5 Jahren

Die Kinder bohren mit einer Stopfnadel dicht nebeneinander viele kleine Löcher in die Orange und stecken in jedes Loch eine Gewürznelke. Dabei können sie Muster oder Reihen stecken.
Schon bei der Gestaltung durchströmt die Duftecke ein fruchtiger Weihnachtsduft. Die fertigen Orangen dekorieren die Kinder in einer schönen Obstschale auf dem Sideboard, wo sie noch lange duften.

Variante

Mit einem Zestenreißer schnitzen die Kinder dekorative Muster in Orangen, Mandarinen oder Zitronen.

Gewürzfrüchtekuchen

Das Kuchenbacken bietet den Kindern bereits eine intensive weihnachtliche Geruchs- und Geschmackserfahrung.

Zutaten: 500 g Weizenvollkornmehl, 3 Eier, 5 EL Öl, 1 Tasse Milch, 200 g Rohrzucker, 1 TL Zimt, 1 TL Ingwer, 1 TL Kardamom, 1 Msp. Muskat, 1 Msp. Koriander, 1 Pck. Vanillezucker, 1 TL Natron, 1 Handvoll gehackte Nüsse, 1 Handvoll Rosinen, 1 Handvoll klein geschnittene Datteln, 1 Handvoll klein geschnittene Feigen
Alter: ab 4 Jahren

Die Kinder geben nacheinander Mehl, Eier, Öl, Milch und Zucker in eine Schüssel und vermengen sie zu einem Rührteig.
Sie fügen nach und nach die Gewürze hinzu und rühren sie unter den Teig.
Zum Schluss kommen die Früchte hinzu.
Während der Zubereitung riechen sie an den Zutaten und dürfen von den Früchten probieren (nicht vom Teig wegen Salmonellen-Gefahr bei den Eiern).
Zur Geschmacksentfaltung muss der Teig ½ Std. ruhen.
Der Teig kommt in eine gefettete Backform und wird bei 210 °C auf der mittleren Schiene 50 Min. gebacken. Der Kuchen ist sicherlich beliebt bei allen Duft- und Geschmacksexperten.

Anisplätzchen

Zutaten: 2 Eier, 150 g Puderzucker, 1 Prise Salz, 1 Pck. Vanillinzucker, 150 g Mehl, 2 TL gemahlenes Anisgewürz
Material: Spritzbeutel, Butterbrotpapier
Alter: ab 5 Jahren

Die Kinder schlagen die Eier mit dem Puderzucker, dem Salz und dem Vanillinzucker zu einer schaumigen Masse.
Das gesiebte Mehl und das Anisgewürz heben sie unter die Masse.
Den fertigen Teig füllen die Kinder in einen Spritzbeutel mit Lochtülle, mit dem sie 1 Euro große Plätzchen auf ein eingefettetes Backblech spritzen.
Die Plätzchen werden mit Butterbrotpapier abgedeckt und trocknen über Nacht bei Raumtemperatur.
Bei vorgeheiztem Ofen werden die Plätzchen am nächsten Tag bei 150 °C ca. 8 Min. auf mittlerer Schiene abgebacken.
Die fertigen Plätzchen werden nach dem Auskühlen in einer Gebäckdose in der Duftecke verwahrt. Dort lagern sie noch eine Woche und entfalten in dieser Zeit das volle Duft- und Geschmacksaroma.

Nikolausecke

Jedes Jahr am 6. Dezember ist es soweit: Die Kinder warten gespannt auf den Nikolaus! Bereits in der Vorbereitung auf diesen Tag beschäftigen sie sich mit der Figur und ihrer Geschichte. Dies ist ein passender Anlass, um dem Nikolaus eine kleine Raumecke zu widmen, die die Kinder mit ihren eigenen Basteleien schmücken und ausgestalten. Dann wird diese Nische zu einem gemütlichen Ort, an dem die Kinder den Nikolaus sehnsüchtig erwarten können.

Raumvorbereitung

Material: Tische, Stühle, Vase mit Tannengrün, Wäscheseil, rote oder grüne Tischdecke

In die Nikolausecke stellen die Kinder eine große Vase mit Tannengrün. Davor arrangieren sie mehrere kleine Tische zu einer Tischtafel für ein Nikolausfrühstück. Über den Tisch legen sie rote oder grüne Tischdecken. Über die Tafel spannen sie von Wand zu Wand ein langes Wäscheseil.

Jetzt gilt es, für die dekorativen Elemente zu sorgen, die diese vorbereitete Ecke in eine Nikolausecke verwandeln. Diese lassen sich auch schon einige Zeit vor dem Nikolaustag herstellen.

Hinweis: Als Ergänzung für die Nikolausecke eignet sich der „Strumpf-Adventskalender" (s.S. 6).

Klammernikolaus

Klammerniköläuse sind vielseitig einsetzbar: Sie können sich sowohl an Tannenzweigen festklammern, Tischkarten festhalten oder gemalte Bilder der Kinder vom Nikolaus an einem Seil aufhängen.

Material: Rundkopfwäscheklammer aus Holz, Temperafarbe, Pinsel, roter Filz, Schere, Watte, schwarzer Filzstift, rote Miniperle, Klebstoff
Alter: ab 4 Jahren

Die Kinder malen ihre Rundkopfwäscheklammern rot an. Dabei sparen sie den Rundkopf aus und bemalen nur die Klammer.
Der unbemalte „Nikolauskopf" erhält mithilfe von Filz eine rote Tütenzipfelmütze, die die Kinder aus einem Viertelkreis gestalten.
Natürlich hat der Nikolaus auch einen Bart, den die Kinder mit einem Stück Watte aufkleben.
Die Augen werden mit schwarzem Filzstift aufgemalt.
Als Nase kleben die Kinder eine rote Perle ins Gesicht.
Fertig ist der Klammernikolaus, den die Kinder nun zwischen den Tannenzweigen oder auf das Wäscheseil stecken, um gemalte Nikolausbilder damit an der Wäscheleine zu fixieren.

Filznikolaus

Material: Filzwolle in Rot, Weiß und Beige, Styroporkegel, Filznadel, 2 schwarze Miniperlen, 1 dicke rote Perle, Klebstoff, dünner grüner Tonkarton, Goldstift, Stecknadel
Alter: ab 5 Jahren

Die Kinder legen die rote Filzwolle auf den Styroporkegel auf und stechen mit der Filznadel immer wieder in die Wolle und in den Styroporkegel ein. Dabei verbinden sich die Wollfasern und es entsteht eine filzige Oberfläche, die den Kegel einschließt.
Mit der beigefarbenen Wolle filzen die Kinder mit der Filznadel das Gesicht über die rote Filzfläche (s. Abb.).
Mit der weißen Wolle filzen sie dem Nikolaus den Bart und die Mützenkrempe. Sie filzen die weiße Wolle nur leicht in den roten Körper ein, sodass diese zwar fixiert ist, jedoch plastisch hervorsteht.
Für die Augen kleben die Kinder zwei schwarze Perlen auf, für die Nase die rote Perle.
Der Bommel für die Nikolausmütze wird aus weißer Filzwolle geformt und mit ein paar Stichen mit der Filznadel auf der Spitze des Kegels befestigt. Der Nikolaus ist fertig!
Die Kinder schreiben mithilfe der Gruppenleitung ihren Namen auf ein kleines Stück Tonkarton und befestigen es mit einer Stecknadel am Nikolaus: Auf diese Weise wird aus dem Nikolaus eine Tischplatzkarte für jedes Kind am Nikolaustag!

Nikolausstiefel

Was wäre der Nikolausabend ohne einen Nikolausstiefel, den die Kinder am Abend vor ihre Zimmertür stellen, in der Hoffnung, dass statt einer Rute dort am nächsten Morgen ein gefüllter Stiefel vorzufinden ist ...

Material: Tapetenkleister, 1 alter Gummistiefel, weihnachtliches Geschenk-Packpapier (kein Glanzpapier)
Alter: ab 4 Jahren

Die Kinder rühren den Tapetenkleister nach der Verpackungsbeschreibung steif an.
Sie reißen das Geschenkpapier in 2 cm große Papierstücke, tauchen die Schnipsel in Kleister und legen sie auf den Stiefel. Dabei müssen sich die Papierfetzen dachziegelartig überlappen.
Ist der gesamte Stiefel beklebt, muss er nur noch trocknen.
Bis zum 5. Dezember dekorieren die Stiefel der Reihe nach aufgestellt die Nikolausecke. Bevor die Kinder am 5. Dezember nach Hause gehen, reihen sie ihre Stiefel im Flur vor dem Gruppenraum auf. Kein Zweifel – bei einem solchen Nikolausstiefel wird er sicher am nächsten Morgen mit lauter Leckereien gefüllt sein!

Gefalteter Nikolausstiefel

Der gefaltete Nikolausstiefel ist eine schöne Alternative zum Nikolausstrumpf oder zum Stiefel. Er ist dekorativ und lässt sich ebenfalls füllen.

Material: festes Papier, Schere, Locher, roter Tonkarton, Bleistift, Stopfnadel, Goldschnur; evtl. Goldstift
Alter: ab 4 Jahren

Die Gruppenleitung überträgt für jedes Kind die Vorlage auf DIN A3 vergrößert auf festes Papier.
Die Kinder schneiden die Vorlage aus.
An zwei der gestrichelten Linien schneiden sie die Stiefelschablone 1 cm tief ein (s. Abb.).
An den Punkten stanzen sie mit einem Locher Löcher aus.
Die Kinder legen ihre Schablone auf den roten Tonkarton und umfahren sie mit einem Bleistift. Dabei übertragen sie auch die Löcher.
Entlang der Bleistiftlinie schneiden sie den Stiefelrohling aus und stanzen auch hier wieder die Löcher aus.
Die Kinder falten entlang der gestrichelten Linien alle Teile nach oben.
Mit einer Stopfnadel fädeln sie abwechselnd die Goldschnur von unten nach oben in die Seitenteile und in die Stiefelzunge kreuzweise ein und verknoten die Goldschnur am Stiefelschaft mit einer Schleife.
Der Stiefel ist fertig und wird in der Nikolausecke aufgestellt.
Schreiben die Kinder mithilfe der Gruppenleitung ihren Namen mit Goldstift auf den Stiefel, kann er am 5. Dezember als Tischkärtchen aufgestellt werden. Sicher haben sich am Morgen des 6. Dezembers zum Nikolausfrühstück alle Stiefel mit kleinen Leckereien gefüllt!

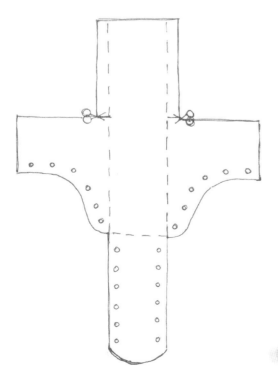

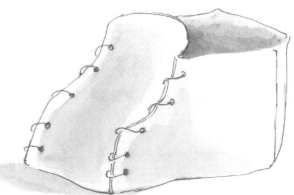

Bald kommt der Nikolaus

(Dichter unbekannt)

Im Winter, wenn es stürmt und schneit
Und 's Weihnachtsfest ist nicht mehr weit,
Da kommt weit her aus dunklem Tann'
Der liebe, gute Weihnachtsmann.

Knecht Ruprecht wird er auch benannt,
Ist allen Kindern wohlbekannt.
Er kommt mit einem großen Schlitten
Grad aus des tiefen Waldes Mitten.

In seinem Sack sind gute Sachen,
Die braven Kindern Freude machen.
Doch auch die Rute ist zur Hand
Für Kinder, die als bös bekannt.

Das mag wohl früher so gewesen sein;
Heut' gibt's nur brave Kinderlein.
Die sagen schnell ihr Sprüchlein auf,
Knecht Ruprecht macht den Sack dann auf.

Und Äpfel, Nüsse, Pfefferkuchen
Darf gleich das liebe Kind versuchen.
Knecht Ruprecht aber fährt geschwind
Davon zum nächsten art'gen Kind.

Nikolaussäckchen

Material: kleine Baumwolltasche, bunter Filz, Goldfolie, Schere, Textilkleber
Alter: ab 4 Jahren

Die Kinder bekleben die Baumwolltaschen mit buntem Filz und Goldfolie. Dafür schneiden sie weihnachtliche Motive (Sterne, Tannenbaum, Nikolaus usw.) aus und kleben sie auf das Jutesäckchen.
Ist das Säckchen fertig dekoriert, hängen die Kinder die Taschen in der Nikolausecke schräg über die Rückenlehne ihres Stuhls. Dort wird sie am Nikolausmorgen mit einem Weckmann gefüllt sein (s.u.).

Weckmann

Frisch duftender Hefekuchen ist Innbegriff von Geborgenheit und Gemütlichkeit. Wenn der Hefekuchen die Form eines Weckmannes einnimmt, ist der Nikolausabend nicht mehr weit.

Zutaten (für 3-4 Weckmänner): 725 g Mehl, 40 g Frischhefe, 0,3 l Wasser, 10 g Salz, 100 g Zucker, 85 g Margarine, ein paar Rosinen, 1 Ei
Alter: ab 5 Jahren

Die Kinder geben das Mehl in eine Schüssel und drücken eine Mulde hinein.
Sie bröckeln die Hefe in die Mulde und gießen etwas Wasser hinzu. Dieser Vorteig muss zugedeckt bei Zimmertemperatur ca. 15 Min. zur doppelten Menge aufgehen.
Die Kinder fügen dem Vorteig Wasser, Salz, Zucker und Margarine hinzu und verkneten die Zutaten zu einem Hefeteig.
Den Teig teilen die Kinder in 3-4 Hefekugeln auf, je nach gewünschter Weckmanngröße.
Daraus rollen sie jeweils einen dicken Wulst von ca. 18 cm Länge, wobei das eine Ende des Wulstes etwas dicker bleibt.
Aus dem Wulst schneiden und formen die Kinder Arme, Beine und den Kopf, bis ein Weckmann entstanden ist.
Vorsichtig legen sie die Weckmänner auf ein eingefettetes Blech. Dort drücken sie die Rosinen zu einem Gesicht und einer Knopfreihe in den Teig.
Die Weckmänner müssen bei Zimmertemperatur nochmals ca. 15 Min. gehen.
Mit einem aufgerührten Ei streichen die Kinder den Weckmann ein, damit er später braun glänzt.
Bei 200 ºC werden die Weckmänner ca. 20-30 Min. auf der mittleren Schiene abgebacken. Dabei weicht aus dem Herd ein warmer wohliger Hefekuchenduft, der das Haus durchströmt und für gemütliche Stimmung sorgt.
Die Weckmänner finden am Nikolaustag ihren Platz in den Nikolaussäckchen (s.o.). Auch in einem Weidenkorb auf dem Nikolaustisch stellen sie einen Augenschmaus und eine kulinarische Verlockung dar.

Weihnachtliche Nischen und Ecken

Nikolausstrümpfe

Alternativ zu den Nikolaussäckchen (s.o.) bieten sich Nikolausstrümpfe an, in denen der Nikolaus etwas Leckeres verstecken kann.

Material: Zeichenpapier, Schere, roter Filz, Filzstift, Textilkleber, dunkelgrüner Sticktwist, Sticknadel mit Spitze, bunte Filzreste
Alter: ab 5 Jahren

Die Gruppenleitung zeichnet den Umriss eines Strumpfes auf Papier. Der Schaft sollte ca. 30 cm hoch sein und der Schuh von der Ferse bis zur Spitze ca. 20 cm.
Die Kinder schneiden entlang der Umrisslinie die Vorlage für den Nikolausstrumpf aus.
Diese Schablone legen sie zweimal auf den roten Filz, umfahren ihn mit einem Filzstift und schneiden beide Umrisse aus.
Sie legen die Schnitte aufeinander und kleben beide Teile an den Rändern zusammen.
Ist der Klebstoff getrocknet, umstechen die Kinder den Rand mit dem grünen Sticktwist.
Aus den Filzresten können die Kinder weihnachtliche Motive ausschneiden, um sie dekorativ auf den Nikolausstrumpf zu kleben.
Die fertigen Strümpfe werden mit den Klammernikoläusen (s.S. 42) am Wäscheseil befestigt und schmücken so die Nikolausecke!

Apfelnikolaus

Material: 1 roter Apfel, weiches Tuch, 1 Walnuss, Küchenmesser, Zahnstocher, roter Filz, Schere, Textilkleber, Filzstift, Watte, rotes Krepppapier
Alter: ab 5 Jahren

Die Kinder polieren den Apfel mit einem weichen Tuch, bis er glänzt.
Vorsichtig bohren sie mit dem Küchenmesser in die Naht der Walnuss ein kleines Loch, in das sie eine Spitze des Zahnstochers stecken als Hals des Apfelnikolauses.
Die andere Spitze stecken die Kinder von oben in den Apfel und versenken den Zahnstocher so weit, bis die Nuss als Kopf auf dem Apfel sitzt.
Aus rotem Filz schneiden sie einen Viertelkreis, wickeln daraus eine Nikolausmütze und kleben sie auf die Nuss.
Mit Filzstift malen sie dem Apfelnikolaus ein Gesicht.
Die Augenbrauen und der Bart werden mit Watte aufgeklebt.
Zum Schluss erhält der Nikolaus einen Umhang aus rotem Krepppapier.
Die Apfelnikoläuse stellen eine wunderschöne Tischdekoration dar, wenn die Kinder sie in Reih und Glied in der Mitte der Tischtafel nebeneinander aufstellen.

Der Bratapfel
(traditionell)

*Kinder, kommt und ratet,
was im Ofen bratet!
Hört, wie 's knallt und zischt.
Bald wird er aufgetischt,
der Zipfel, der Zapfel,
der Kipfel, der Kapfel,
der gelbrote Apfel.*

*Kinder, lauft schneller,
holt einen Teller,
holt eine Gabel!
Sperrt auf den Schnabel
für den Zipfel, den Zapfel,
den Kipfel, den Kapfel,
den goldbraunen Apfel!*

*Sie pusten und prusten,
sie gucken und schlucken,
sie schnalzen und schmecken,
sie lecken und schlecken
den Zipfel, den Zapfel,
den Kipfel, den Kapfel,
den knusprigen Apfel.*

Bratapfel Weihnachtstraum

Gefüllte, süß duftende Bratäpfel sind ein Muss in Weihnachts- und Adventszeit – besonders dann, wenn der Nikolaus vor der Tür steht. Ihr Duft sorgt für wohlige Atmosphäre.

Zutaten: 1 Boskopapfel, 1 TL Zucker, gemahlene Mandeln, gehackte Nüsse, Rosinen, Butter, 1 Msp. Zimt, Vanillesoße
Alter: ab 5 Jahren

Die Kinder waschen ihren Apfel und höhlen ihn aus. Dazu bohren sie mit einem stumpfen Messer und mit einem Löffel ein Loch in den Apfel und holen das Kerngehäuse heraus.

Sie vermischen alle Zutaten bis auf die Vanillesoße miteinander und füllen die Äpfel mit der leckeren Masse.

Auf einem gefetteten Backblech werden die Bratäpfel bei 175°C 15 Min. auf mittlerer Schiene gebacken.

Mit einer leckeren Vanillesoße sind die Bratäpfel ein wahrer Weihnachtstraum. Am wunderschön dekorierten Nikolaustisch servieren die Kinder einander den lecker duftenden Bratapfel.

Äpfel bemalen

Mit Zuckerguss bemalte Äpfel sehen aus, als hätte sich eine weihnachtliche Eis- und Schneeschicht über ihre Oberfläche gelegt.

Zutaten: 2 Eiweiße, 375 g Puderzucker, rotbackige Äpfel
Material: Pergamentpapier, schöne große Schale; evtl. Papier, Schere, Puderzucker, Sieb, Klebeetiketten
Alter: ab 5 Jahren

Die Kinder schlagen die Eiweiße mit dem Puderzucker steif.
Aus dem Pergamentpapier falten sie eine Spitztüte und füllen die Zuckermasse hinein.
Durch die Spitze der Tüte drücken sie die Masse heraus und malen damit weihnachtliche Verzierungen (Sterne, Tannenbäumchen usw.) auf die Äpfel.
Ist der Zuckerguss getrocknet, legen die Kinder die Äpfel in eine dekorative Schale auf dem Nikolaustisch. Dort sind die gestalteten Äpfel sicher ein Augenschmaus für den Nikolaus.

Varianten

★ Die Kinder schneiden weihnachtliche Motive aus Papier aus. Sie bestreichen die Äpfel mit geschlagenem Eiweiß und legen die Motive auf die klebrige Oberfläche der Äpfel. Darüber sieben die Kinder Puderzucker, der ebenfalls an dem Apfel haftet. Ziehen die Kinder vorsichtig die Schablonen vom Apfel, erscheinen die Motive in der Farbe des Apfels.

★ Nächstes Jahr im Spätsommer bereits an Weihnachten denken: Bevor die Äpfel am Baum ihre roten Wangen bekommen, stanzen die Kinder aus Klebeetiketten kleine weihnachtliche Motive aus und kleben sie auf die noch unreifen Äpfel am Baum. Die Motive müssen dabei auf die der Sonne zugewandte Seite geklebt werden. Ernten die Kinder ihre Äpfel und lösen die Etiketten ab, erscheint darunter auf der roten Wange das aufgeklebte Motiv!

Knecht Ruprecht

(Gekürzte Fassung des Gedichtes „Knecht Ruprecht" von Theodor Storm)

*Von drauß' vom Walde komm' ich her;
Ich muss euch sagen, es weihnachtet sehr!
Allüberall auf den Tannenspitzen
Sah ich goldene Lichtlein sitzen;
Und droben aus dem Himmelstor
Sah mit großen Augen das Christkind hervor.
Und wie ich so strolcht' durch den finsteren Tann,
Da rief's mich mit heller Stimme an:
„Knecht Ruprecht", rief es, „alter Gesell,
Hebe die Beine und spute dich schnell!
Die Kerzen fangen zu brennen an,
Das Himmelstor ist aufgetan,
Alt und Jung sollen nun
Von der Jagd des Lebens einmal ruh'n;
Und morgen flieg ich hinab zur Erden;
Denn es soll wieder Weihnachten werden!"*

Märchenecke

Weihnachtszeit – besinnliche Zeit, Märchenzeit, Bilderbuchzeit, Vorlesezeit. Was gibt es Schöneres im Advent als bei Kerzenschein mit einem warmen Kakao und leckeren selbst gebackenen Plätzchen Geschichten vom Christkind zu lauschen?

Raumvorbereitung

Material: Trennwände (Regale oder Paravent), blaue Tücher, transparente Deko-Stoffe (z.B. Organza), Matratze(n), viele Kissen, Wolldecken, Weihnachtsbilderbücher, Beistelltisch; evtl. Ohrensessel

Lesen bedeutet sich zurückziehen. Gemeinsam mit der Gruppenleitung bauen die Kinder eine Lauschecke mit Trennwänden, Regalen oder Paravent. Die Trennwände behängen sie mit Tüchern und Stoffen, sodass die Lauschecke von außen nicht mehr einsehbar ist. Auch die Raumdecke kann mit Tüchern und Stoffen abgehängt werden.
Wenn vorhanden kommt in die Mitte der Lauschecke ein Ohrensessel, auf dem später der Erzähler Platz nimmt. Um ihn herum verteilen die Kinder viele Kissen und Decken zu einer gemütlichen, kuscheligen Sitzgruppe. An die Seitenwände können mit Spannlaken überzogene Matratzen gelegt werden. Auf den Kissen und Matratzen machen die Kinder es sich in der Märchenstunde bequem. Alternativ zum Sessel setzt sich der Vorleser in die Mitte der Kinder.
In einer Ecke stapeln die Kinder viele Wolldecken, in die sie sich zur Lesestunde einhüllen können. Märchenbücher und Weihnachts-Bilderbücher liegen zum Anschauen bereit. Auf dem Beistelltisch ist Platz für Plätzchenteller, Märchenkerze, Märchenlichter oder andere Dinge aus diesem Kapitel.
Die äußeren Rahmenbedingungen für eine weihnachtliche Märchenecke sind nun geschaffen. Hier sollen zu festgesetzten Zeiten als ritualisierte Handlung, z.B. zum Morgenbeginn, als Tagesabschluss, alle zwei Tage usw. Weihnachtsmärchen und Geschichten vorgelesen oder Weihnachtsbilderbücher betrachtet werden. Mit den folgenden Angeboten lässt sich die Märchenecke dekorativ ausgestalten, damit die Kinder in eine weihnachtliche Märchenwelt hineingleiten können.
Hinweis: Passende Ergänzungen für die Märchenecke sind der „Geschichten-Adventskalender" oder der „Fantasiereisen-Kalender" (s.S. 8).

Sterne für die Märchendecke

Sterne aus leuchtender Modelliermasse lassen bei Dämmerung und Kerzenschein den Deckenhimmel der weihnachtlichen Märchenecke hell erstrahlen.

Material: leuchtende Modelliermasse, Holzbrett, Nudelholz, Stern-Backförmchen, Alufolie, doppelseitiges Klebeband
Alter: ab 5 Jahren

Die Kinder kneten die Modelliermasse geschmeidig und rollen sie auf dem Holzbrett mit einem Nudelholz gleichmäßig ca. 3 mm dick aus.

Mit den Sternförmchen stechen sie aus der ausgerollten Masse Sterne aus und legen sie auf ein mit Alufolie ausgelegtes Backblech.
Gemäß der Verpackungsbeschreibung härten sie die Sterne im Ofen. Dabei achtet die Gruppenleitung auf genügend Frischluftzufuhr im Raum!
Mit doppelseitigem Klebeband finden die Sterne Halt an der Zimmerdecke der weihnachtlichen Märchenecke und glitzern beim Vorlesen auf die Kinder herunter.

Das alte Schaukelpferd

Das alte Schaukelpferd stand seit vielen Jahren schon auf dem Dachboden eines großen Apothekerhauses. Aus einem Fenster konnte es direkt auf den Marktplatz des kleinen Dorfes hinunterschauen. Da unten war immer etwas los, und das Schaukelpferd erzählte dem alten Schrank, der ganz hinten in einer Ecke stand, immer von dem bunten Treiben auf dem Platz.
Zurzeit war dort ein kleiner Weihnachtsmarkt aufgebaut. Aus den Buden erklang weihnachtliche Musik, und süße Düfte von Plätzchen, Stollen und Mandeln zogen hinauf bis zum Dachboden.
Der alte Schrank mit Kleidern aus Großmutters Zeiten und das kleine Schaukelpferd, an dem bereits die Lackfarbe abbröckelte, lebten nun schon viele Jahre hier oben auf dem Speicher des Apothekerhauses. Mittlerweile hatten der Schrank und das Schaukelpferd schon viele Bewohner des Hauses aus luftiger Höhe einziehen und wieder ausziehen sehen – doch niemand hatte je den Weg über die steile Treppe bis auf den Dachboden gefunden. Man hatte sie einfach dort oben vergessen und stehen lassen.
Dem Schaukelpferd ging es gar nicht gut. Die Herbststürme, die jedes Jahr heftiger wurden, hatten mittlerweile die beiden Bodenfenster eingedrückt und in viele Scherben zerspringen lassen. Nun blies der heftige, eisige Dezemberwind durch die Fenster und ließ die Mähne des Schaukelpferdes im Wind flattern. Außerdem sorgte die Kälte bei ihm für einen heftigen Schnupfen, und der Wind ließ das klapprige Schaukelpferd immerzu hin und her schwingen, sodass es ganz außer Atem kam. Der alte Schrank war der Meinung, dass der Apotheker ruhig einmal einen heißen Hustentee mit Kandiszucker hätte nach oben bringen können.
Es wurde immer kälter und kälter, und eines Morgens, als das Schaukelpferd aus dem Fenster auf den Dorfplatz schaute, war dieser wie in weiße Watte gehüllt: Es hatte geschneit!
„Jetzt geht es sicher mit großen Schritten auf Weihnachten zu", meinte das Schaukelpferd wehmütig und dachte an vergangene Tage, an denen lachende Kinder unter dem Weihnachtsbaum auf ihm herumgeritten waren. Jetzt aber lahmte es, sein Schwanz und seine Mähne

waren zerzaust, sein Geschirr verrostet und der Lack war stumpf und abgewetzt. Kein Reiter hätte auf ihm noch mit Stolz reiten können – aus einem prächtigen Pferd war ein lahmer Ackergaul geworden. Wie lange wünschte es sich schon, noch einmal als prachtvolles Schaukelpferd unter dem Weihnachtsbaum zu stehen, statt auf dem Speicher zu vergammeln.

Das Schaukelpferd war ganz in Gedanken vertieft, als der alte Schrank das Geräusch einer knarrenden Holztreppe zu hören glaubte. Und noch ehe er das Schaukelpferd auf das Knarren aufmerksam machen konnte, öffnete sich quietschend die Speichertür. Über die Türschwelle traten zwei kräftige Männer mit blauen Monteuranzügen. Sie blickten durch den Raum und sagten: „Na, dann wollen wir mal!"

Und noch ehe der Schrank und das Pferd sich's versahen, standen sie beide vor der Tür des alten Apothekerhauses. Sie konnten es kaum fassen: Sie standen auf der Straße und waren obdachlos! Man wollte sie tatsächlich nicht mehr haben. So ungemütlich und kalt es auf dem Speicher auch gewesen war, aber ein Dach hatten sie da oben immerhin beide über dem Kopf gehabt. Doch nun gehörten sie zum Sperrmüll, zu den Dingen, die entsorgt werden sollten, weil man mit ihnen nichts mehr anzufangen wusste. Was sollte nun aus ihnen werden?

Auf dem Marktplatz gegenüber bauten gerade zwei Jungen an einem großen Schneemann. Menschen eilten unentwegt im Weihnachtstrubel an ihnen vorbei und würdigten weder den Schrank noch das Schaukelpferd eines Blickes.

Langsam wurde es dämmrig, die Lichter und die Weihnachtsbeleuchtung in den Straßen gingen an und ließen die Straßen weihnachtlich glanzvoll erstrahlen. „Ach, wenn wir doch nur jemandem auffallen würden, der an uns noch Gefallen fände", sprach das Schaukelpferd und nieste laut. Doch die Menschen zogen an ihnen mit dicken Taschen voller Weihnachtsgeschenke vorbei, ohne ihnen Beachtung zu schenken.

Plötzlich jedoch hielt vor ihnen ein großes Auto mit hellen Scheinwerfern, die direkt auf den Schrank und das Schaukelpferd gerichtet waren. Ein junger Mann stieg aus dem Wagen und betrachtete die beiden intensiv von allen Seiten. Und noch bevor sich das Schaukelpferd und der Schrank über die Besichtigung wundern konnten, standen beide schon auf der Ladefläche des Wagens.

„Wo wird er nur mit uns hinfahren?", fragte der Schrank ängstlich. „Mir zittern vor Angst die Kufen", antwortete das Schaukelpferd. Sie schauten sich an und beide dachten: „Jetzt ist es soweit, nun werden wir verschrottet!" Dem Schaukelpferd kullerte eine Träne aus dem Auge, und seine Schnupfennase tropfte vor sich hin, doch schließlich schliefen beide vor Erschöpfung auf dem Wagen ein.

Am nächsten Tag erwachten sie neben einem mollig warmen Ofen in einer kleinen Werkstatt. Dort standen sie zwischen vielen alten Puppen, Eisenbahnen, Teddybären, Autos und anderem alten Kinderspielzeug, das schon bessere Zeiten erlebt hatte.

Diese erzählten den beiden, dass sie großes Glück gehabt hätten, denn sie seien bei einem Spielzeugdoktor gelandet. Sie erfuhren, dass der junge Mann altes Spielzeug restaurierte, um es wieder an liebe Menschen zu verkaufen und Kinderherzen zu erfreuen. Dem Schaukelpferd und dem alten Schrank fiel ein Stein vom Herzen. Sie fingen an zu strahlen, sie strahlten so, dass ihre kleinen Blessuren schon kaum noch auffielen. Und ehe die beiden sich umsahen, standen sie frisch geschmirgelt und lackiert an Weihnachten wieder in einer warmen Stube unter einem glänzenden Weihnachtsbaum.

Weihnachtliche Nischen und Ecken

Drachensterne *sehr schön!*

Material: Goldfolie oder Transparentpapier in 2 Farben, Schere, Klebstoff, doppelseitiges Klebeband
Alter: ab 5 Jahren

Die Kinder schneiden aus der Goldfolie acht Rechtecke in gleicher Größe, z.B. im DIN-A6-Format – je größer die Grundform, desto größer wird der fertige Drachstern.
Sie falten die Rechtecke in der Längsrichtung einmal zusammen und wieder auseinander.
Alle vier Ecken werden einmal zu der Faltlinie hin geknickt, sodass ein Sechseck entsteht.
Zwei der Ecken werden nochmals zur mittleren Faltlinie hin gefaltet (s. Abb.). Dadurch entsteht eine Drachenform.
Die acht kleinen Drachen werden zu einem Stern zusammengeklebt, indem die Kinder die breiteren Drachenspitzen fächerförmig übereinander legen (s. Abb.).
Die Drachensterne lassen sich mit doppelseitigem Klebeband an den Tüchern in der Märchenecke befestigen, mit denen die Regale behängt wurden.

Variante

Aus 14 kleinen Drachen entsteht ein schöner großer 14-zackiger Stern.

Siebenzackiger Stern *einfach*

Material: Gold- oder Silberfolie, Stift, Schere, Klebstoff, doppelseitiges Klebeband; evtl. Nylonfaden, Sicherheitsnadeln
Alter: ab 5 Jahren

Die Kinder schneiden ein quadratisches Stück Goldfolie zu.
Das Quadrat falten sie dreimal zu einem Dreieck zusammen (s. Abb.).
Von der geschlossenen Spitze ausgehend zeichnen die Kinder mit einem Stift eine gleichschenklige Raute (s. Abb.) und schneiden die Raute aus.
Falten sie die Raute auseinander, erhalten sie einen Stern mit acht Zacken.
Zwischen zwei beliebigen Zacken schneiden die Kinder das Papier einmal bis zur Mitte ein (s. Abb.).
An dieser Schnittstelle werden die zwei Sternspitzen übereinander geschoben und mit Klebstoff aufeinander fixiert, sodass sich der Stern bauchig wölbt.
Mit doppelseitigem Klebeband lassen sich auch diese Sterne an den Tüchern in der Märchenecke befestigen.

Variante

Noch plastischer wird der Stern, wenn zwei deckungsgleiche Sterne mit der Rückseite aufeinander geklebt werden. Diese Sterne werden mit langen Nylonfäden an Sicherheitsnadeln an der Tücher-Decke befestigt oder mit Klebeband an der Raumdecke, sodass sie vom Märchenhimmel herabhängen.

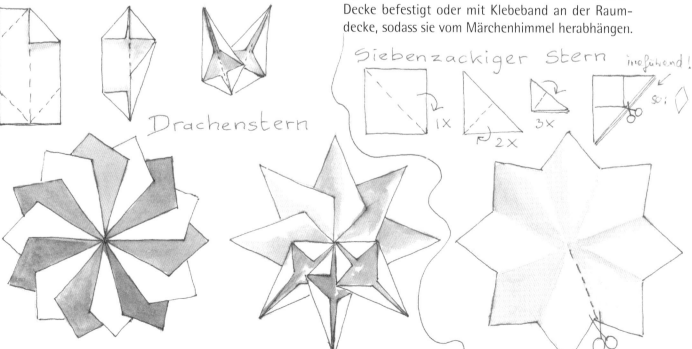

Engel aus Papptellern

Material: weißer Pappteller, Bleistift, Schere, Tacker, Malstifte, Material zum Verzieren (Goldpapier, goldene Tortenspitze usw.), Klebstoff, Nylonfaden, Sicherheitsnadeln oder Klebeband
Alter: ab 4 Jahren

Die Gruppenleitung überträgt für jedes Kind die Abbildung auf einen Pappteller.
Die Kinder schneiden die Engel-Form entlang der Linien aus, sodass Kopf, Flügel und Kleid des Engels entstehen.
Die beiden Kleidzipfel werden nach hinten gebogen und mit einem Tacker rückwärtig zusammengetackert.
Die Kinder können den Engel bemalen, bekleben oder anders ausschmücken.
Die fertigen Engel werden an Nylonfäden mit Sicherheitsnadeln oder mit Klebeband an der Decke befestigt. Beim leisesten Windhauch schweben sie in der Märchenecke feenartig hin und her.

Fächerengel

Material: Pappe, Schere, goldenes Papier, Bleistift, Tacker, Klebstoff, Wattekugel, Engelshaar, Geschenkband, Kordel, Sicherheitsnadeln oder Klebeband
Alter: ab von 5 Jahren

Die Gruppenleitung schneidet für die Kinder als Vorlage zwei Rechtecke von 20 x 30 cm (für die Flügel) und 16 x 45 cm (für das Kleid) aus Pappe aus.
Die Kinder übertragen die Vorlage auf das Papier und schneiden jeweils zwei Rechtecke aus.
Beide Rechtecke legen die Kinder mit der schmalen Seite vor sich und falten sie ziehharmonikaartig. Die Faltung sollte ca. 1 cm breit sein. So entstehen Kleid und Flügel des Engels.
In die Flügel-Ziehharmonika schneiden die Kinder mittig einen kleinen Schlitz bis zur Hälfte der Faltung.
In die Kleid-Ziehharmonika schneiden die Kinder an einem Rand ebenfalls einen kleinen Schlitz.
Sie schieben beide Schlitze ineinander, sodass Flügel und Kleid miteinander verbunden sind.
Nun lassen sich Flügel und Kleid fächerförmig auseinander ziehen.
Auf den Rock kleben sie die Wattekugel als Kopf des Engels.
Seine Haarpracht erhält er durch goldenes Engelshaar, das die Kinder auf der Wattekugel fixieren.
Damit der Engel festlich aussieht, bekommt er eine Schleife aus Geschenkband um den Hals gebunden.
An einer zusätzlichen dünnen Kordel um den Hals kann er mit Sicherheitsnadeln oder Klebeband befestigt an der Märchendecke durch die Luft schweben.

Engel aus Tortenpapier

Auch diese Engel können vom Himmel schweben. Aber auch als Dekorationen auf Regalen oder Tischen in der weihnachtlichen Märchenecke sind sie ein wahrer Blickfang.

Material: weißer Karton-Tortenboden, Schere, Klebstoff, Tacker, weiße und goldene Tortenspitze, rosa Wattekugel (3-4 cm Ø), schwarzer Filzstift, gelbe flauschige Wolle, Klarsichtfolienreste
Alter: ab 5 Jahren

Die Kinder schneiden aus dem weißen Karton der Tortenböden einen Halbkreis und zwei Viertelkreise. Den Halbkreis drehen sie zu einem Kegel und kleben oder tackern die Enden zusammen.
Über diesen Kegel kleben die Kinder ein Engelkleid aus weißer oder goldener Tortenspitze. Dazu schneiden sie die Spitze der Tortenspitze ab und kleben sie dekorativ als Bordüre auf den Kegel.
Auch die beiden Viertelkreise kleben oder tackern die Kinder zu einem spitzen Kegel zusammen und schneiden deren Spitzen knapp ab.
Die beiden kleinen Kegel werden ebenfalls mit weißer oder goldener Tortenspitze beklebt und mit der spitzen Öffnung als Arme an den großen Kegel geklebt.
Als Kragen wird ein Stück goldene Tortenspitze auf den Hals des Engelskörpers geklebt.
Die rosafarbene Wattekugel bemalen die Kinder mit einem Engelsgesicht.
Haare erhält der Engel durch flauschig gelbe Wolle, mit der die Kinder den Kopf bekleben.
Aus Klarsichtfolienresten schneiden sie zwei Flügelformen und befestigen diese mit Klebstoff auf dem Rücken des Engelskörpers.
Die Kinder denken sich weitere Ausgestaltungsmöglichkeiten des Engels aus – wessen Engel wird der fantasievollste?

Der glückliche kleine Vogel

(Autor unbekannt)

Der kleine Vogel Zizibä saß in einem kahlen Fliederbusch und fror. Sein Federkleid hatte er dick aufgeplustert, damit es ihm ein wenig wärmer wurde. Da saß er wie ein dicker runder Ball, und keiner ahnte, wie dünn sein Körper darunter aussah. Zizibä hatte die Augen geschlossen. Er mochte schon gar nicht mehr hinsehen, wie die Schneeflocken endlos vom Himmel fielen und alles zudeckten. Alle Futterplätze waren zugeschneit. Ach, und Hunger tat so weh! Zizibä saß da und rührte sich nicht. Nur manchmal schüttelte er den Schnee aus den Federn.

Wieder ging ein hungriger Tag zu Ende. Zizibä versuchte in der Dämmerung einzuschlafen. Da hörte er plötzlich ein liebliches Geklingel. Um ihn herum wurde es hell und warm, und Zizibä öffnete verwirrt die Augen: Vor ihm stand der Weihnachtsengel! Er kam daher mit einem Schlitten voller Weihnachtspakete und sang vergnügt: „Morgen, Kinder, wird's was geben ..." Von seiner Laterne ging ein helles Strahlen aus und beleuchtete den Fliederbusch. Da entdeckte auch der Weihnachtsengel den kleinen Vogel. „Guten Abend", sagte der Engel, „warum schaust du so traurig?" – „Ich hab' so großen Hunger", piepste Zizibä und machte vor lauter Kummer wieder die Augen zu. „Du armer Kleiner", sagte der Engel, „ich habe auch nichts zu essen dabei. Woher kriegen wir nur etwas für dich?" Und plötzlich hatte der Engel eine Idee. „Warte", sagte er, „ich werde dir helfen. Bis morgen ist alles gut. Schlaf nur ganz ruhig ein."

Aber Zizibä war schon eingeschlummert und merkte gar nicht, wie der Engel weiterzog und im nächsten Haus verschwand. Dort wohnte der Franzel. Er lag in seinem Kinderbett und träumte von Weihnachten. Der Engel schwebte leise herzu, wie eben Engel schweben, und beugte sich über ihn. Leise, leise flüsterte er ihm etwas ins Ohr, und was Engel sprechen, das geht gleich ins Herz. Der Franzel verstand auch sofort, um was es sich handelte, obwohl er fest schlief.

Als er am nächsten Morgen wach wurde, rieb er sich die Augen und guckte zum Fenster hinaus. „Ei, so viel Schnee!", rief er. Mit einem Satz war er aus dem Bett, riss das Fenster auf und fuhr mit beiden Händen in den Schnee. Dann formte er einen Schneeball und warf ihn aus Übermut hoch in die Luft.

Plötzlich hielt er inne. Wie war das doch heute Nacht? Hatte er nicht irgendetwas versprochen? Richtig, da fiel es ihm wieder ein. Er sollte dem Zizibä Futter besorgen! Gleich fegte der Franzel den restlichen Schnee vom Fensterbrett und rannte zu seiner Mutter in die Küche. „Guten Morgen, ich will den Zizibä füttern, ich brauch' Kuchen und Wurst!", rief er. „Das ist aber nett, dass du daran denkst", sagte die Mutter, „aber Kuchen und Wurst taugen nicht als Futter. Der Kuchen weicht auf, und die Wurst ist viel zu salzig. Da wird der arme Zizibä statt an Hunger an Bauchschmerzen sterben."

Die Mutter ging und holte eine Tüte Sonnenblumenkerne. „Die sind viel besser", sagte sie. Der Franzel streute die Kerne gleich auf sein Fensterbrett und rief: „Guten Appetit, Zizibä!" Dann musste er sausen, um noch rechtzeitig in die Schule zu kommen.

Als die Schule aus war, kam er auf dem Nachhauseweg beim Samenhändler Korn vorbei. Der

Franzel ging in den Laden und sagte: „Ich hätte gern Futter für die Vögel im Garten", und legte sein ganzes Taschengeld auf den Tisch. Dafür bekam er eine große Tüte voll Samen und Meisenringen.

Nun rannte er nach Hause zu seinem Fensterbrett. Aber – o weh – da war alles zugeschneit. Doch die Körner waren verschwunden. Die hatte Zizibä noch rechtzeitig entdeckt. Er hatte alle seine Freunde herbeigeholt, und sie hatten sich einen guten Tag gemacht, während der Franzel in der Schule war.

Es darf nicht wieder alles zuschneien, dachte der Franzel, und als sein Vater am Nachmittag heimkam, machten sie sich gleich daran, ein wunderschönes Futterhaus zu zimmern. Das hängten sie vor dem Fenster auf, und Franzel füllte es am Abend mit seinen gekauften Samen.

Am nächsten Tag sprach es sich bei der ganzen Vogelgesellschaft herum, dass es beim Franzel etwas Gutes zu fressen gab. Das war eine große Freude, denn von da an brauchte kein Vogel mehr Hunger zu leiden. Und als der Weihnachtsengel am Heiligen Abend vorbeikam, sah er nur satte und zufriedene Vögel friedlich schlummern. Dafür legte er dem Franzel noch ein Extra-Geschenk unter den Weihnachtsbaum, und es wurde ein wunderschönes Fest.

Weihnachtsvögel

Passend zur Geschichte basteln die Kinder lauter kleine „Zizibüs"!

Material: Pappe, rotes Tonpapier, Bleistift, Schere, Cutter, Goldpapier, Stopfnadel, rote oder goldene Kordel
Alter: ab 5 Jahren

Die Gruppenleitung überträgt die Vogelabbildung auf Pappe und schneidet sie als Vorlage für die Kinder aus.

Die Kinder malen mithilfe der Schablone je einen Vogel auf das rote Tonpapier und schneiden ihn aus.

Mit dem Cutter ritzen sie vorsichtig einen 1 cm breiten Schlitz in den Rücken des Vogels.

Aus dem Goldpapier schneiden sie einen ca. 8 cm langen und 5 cm breiten Streifen.

Den Goldfolienstreifen legen sie mit der schmalen Seite vor sich und falten 1 cm breite Ziehharmonika-Stufen, damit der Fächer durch den Schlitz passt. So erhält der Weihnachtsvogel goldene Flügel.

Mit einer Stopfnadel ziehen die Kinder kurz oberhalb des Schlitzes eine Kordel durch den Rücken des Vogels, damit die Weihnachtsvögel an der Decke befestigt werden können.

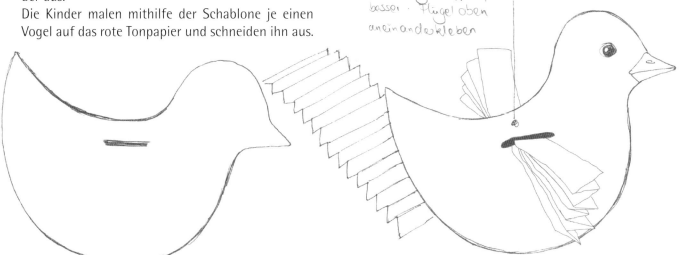

Wachspapier-Lichterkette

Eine Lichterkette in der Märchenecke sorgt für Zuhörstimmung.

Material: Pergamentpapier (DIN A3), Zeitungen, Wachsmalreste, Reibe, Bügeleisen, Pappe, Bleistift, Schere, Lichterkette, transparentes Klebeband, Tacker
Alter: ab 5 Jahren

Die Kinder legen das Pergamentpapier auf eine Zeitung und zerreiben darüber mit einer Reibe die Wachsmalreste.
Sie überdecken die Wachsmalreste mit einem weiteren Bogen Pergamentpapier und bügeln mithilfe der Gruppenleitung auf der Stufe „Seide" über die Rückseite des oberen Pergamentbogens. Durch die Hitze verflüssigen sich die kleinen Wachsmalflocken und bemalen auf eigene Art und Weise das Pergamentpapier, das gleichzeitig transparent wird.
Ziehen die Kinder beide Papiere auseinander, erhalten sie zwei Bogen buntes transparentes Wachspapier.

Die Gruppenleitung zeichnet die Abbildung auf Pappe und schneidet sie als Schablone für die Kinder aus.
Die Kinder umfahren die Schablone mit Bleistift auf ihrem Wachspapier. Pro Licht an der Lichterkette benötigen sie eine Form.
Sie schneiden die einzelnen Lampenschirmchen aus und biegen diese vorsichtig rund.
Mithilfe der Gruppenleitung passen sie ihre Lampenschirmchen den Kettenlichtern nach und nach an. Dabei achten sie darauf, dass die obere schmale Öffnung des Trichters so eng geformt ist, dass der Schirm nicht über die Birne gleiten kann. Die hintere Seitenkante legen die Kinder dazu ca. 2 cm übereinander und fixieren die sich überlappenden Kanten mit transparentem Klebeband oder einem Tacker aufeinander.
Sind alle Lichter der Lichterkette mit einem Lampenschirmchen versehen, wird der märchenhafte Leuchteffekt der Kette die Kinder begeistern. In einer kuscheligen Nische in der Märchenecke sorgen die Lichterketten sicher für eine gemütliche Atmosphäre.

Variante

Statt des Wachspapiers eignet sich auch selbst gestaltetes Ölpapier (s.S. 99 „Nikolauslaterne") als Grundlage für die Lampenschirmchen.

Weihnachtliche Nischen und Ecken 57

Märchenkerze

Material: Modellierwachs in verschiedenen Farben oder Bienenwachsplatte (beides aus dem Bastelladen), 2 Töpfe, Rollholz, Holzbrett, weihnachtliche Ausstechförmchen, Küchenmesser, Stumpenkerze
Alter: ab 4 Jahren

Die Kinder erwärmen das Modellierwachs mithilfe der Gruppenleitung im Wasserbad; evtl. reicht auch Heizungswärme aus.
Ist das Wachs warm und weich, formen die Kinder kleine Perlen daraus oder rollen es mit einem Rollholz auf einem Holzbrett zu einer dünnen Platte aus, um daraus weihnachtliche Motive mit einem Plätzchenförmchen auszustechen.
Diese lösen die Kinder mit einem Küchenmesser vom Holzbrett und drücken sie fest an die Stumpenkerze, solange das Wachs noch warm ist.
Die fertige Märchenkerze findet ihren Platz auf dem Beistelltisch der Märchenecke und wird als feierliches Ritual vor jeder Märchenstunde angezündet.

Märchenhaftes Tütenlicht

Material: weiße Butterbrottüte, Filzstifte, kleiner Glasschutz für das Teelicht (z.B. Trinkglas oder leeres Senfglas), Teelicht, Streichhölzer
Alter: ab 4 Jahren

Die Kinder legen die Butterbrottüten senkrecht vor sich und malen mit Filzstiften weihnachtliche Märchenmotive darauf.
Sie stellen das Glas mit einem Teelicht in die Tüte und zünden die Kerze an: Die Märchenmotive beginnen zu leuchten und sorgen für gemütliche Beleuchtung auf den Regalen in der Märchenecke.

Dekorativer Plätzchenteller

Was ist eine Lesecke ohne einen schönen Teller mit Naschwerk?

Material: Kleister, alter Teller aus Plastik oder Porzellan, Öl oder Vaseline, Küchentücher, weihnachtliches Geschenkpapier, Pinsel, Schere, Klarlack
Alter: ab 4 Jahren

Die Kinder rühren mithilfe der Gruppenleitung den Kleister entsprechend der Verpackungsbeschreibung an.
Den alten Teller bestreichen sie mit Öl oder reiben ihn mit Vaseline ein.
Das Geschenkpapier reißen sie in viele kleine ca. 3 cm große Stücke.
Die Schnipsel tauchen die Kinder in Kleister oder bestreichen sie mit dem Pinsel und drücken sie flach auf den Teller, sodass sich die Schnipsel dachziegelartig überlappen. Sie kleben mind. sechs Lagen übereinander. Dabei achten sie darauf, die Schnipsel nur bis zum Tellerrand und nicht um den Rand herumzukleben, damit sie später den Pappteller vom eigentlichen Teller lösen können.
Ist der Plätzchenteller fertig, muss er einige Tage trocknen.
Danach ziehen die Kinder vorsichtig den Pappteller von seinem Gerüst ab.
Den Tellerrand schneiden sie zackenförmig ein, sodass er wie eine Art Stern aussieht.
Zuletzt überziehen sie den Teller mit mind. drei Schichten Klarlack. Dadurch wird er fest und weicht nicht auf, wenn mürbe Plätzchen darauf liegen.
Den dekorativen Plätzchenteller stellen die Kinder auf den Beistelltisch. Nun muss er nur noch gefüllt werden ...

Gewürznüsse

Die duftenden Gewürznüsse erinnern nicht nur an Weihnachten, sondern auch an 1001 Nacht ...

Zutaten: 250 g Mehl, 3 gestrichene TL Backpulver, 3 Eier, 250 g Zucker, 175 g geriebene Hasselnüsse, 2 gehäufte TL Zimt, 1 Pck. Lebkuchengewürz, 50 g Zitronat, 50 g Orangeat, 1 Prise Salz
Alter: ab 4 Jahren

Die Kinder geben Mehl und Backpulver in eine Schüssel und mischen nach und nach Eier und Zucker unter.
Dazu geben sie nacheinander die restlichen Zutaten und vermischen alles zu einem Knetteig.
Aus dem Teig formen die Kinder walnussgroße Kugeln und setzen sie mit etwas Abstand auf ein mit Backpapier ausgelegtes Backblech.
Im vorgeheizten Ofen backen sie die Gewürznüsse bei 175 °C ca. 20 Min. auf der mittleren Schiene ab. Dabei strömt ein himmlisch weihnachtlicher Duft bis in die Märchenecke!

Weihnachtliche Pralinen

Ein weihnachtlicher Plätzchenteller braucht auch etwas Schokolade!

Zutaten (für ca. 50 Pralinen): 125 g geschmolzene Butter, 250 g zerkrümelte Butterkekse, 4 EL Kokosraspeln, 4 EL Kakao, 4 EL Zucker
Zum Dekorieren: mehrere kleine Teller gefüllt mit Kokosraspeln, Schokoladenstreusel, Liebesperlen oder gehackten Nüssen
Alter: ab 4 Jahren

Die Kinder verrühren alle Zutaten in einer Schüssel. Zum Abkühlen geben sie die Masse auf ein Backblech.
Mit einem Teelöffel portionieren sie die abgekühlte Masse und rollen daraus kleine Kugeln – je größer die Kugeln, desto weniger Pralinen.
Um sie zu garnieren, wälzen sie die Kugeln in Kokosraspeln, Schokoladenstreuseln, Liebesperlen oder gehackten Nüssen.

Mit den fertigen Pralinen füllen die Kinder den Plätzchenteller in der Märchenecke auf (s.S. 57). Die übrigen Pralinen verwahren sie in einer gut verschlossenen Gebäckdose.

Nostalgischer Lebkuchen

Sobald Lebkuchenduft die Räume füllt, ist Weihnachten nicht mehr weit. Mit Märchenmotiven verziert ist der Lebkuchen eine echte Attraktion in der Märchenecke!

Zutaten: 350 g Mehl, 1 Pck. Backpulver, 200 g Zucker, 2 Pck. Vanillezucker, $\frac{1}{4}$ l Milch, 100 g gemahlene Nüsse, 150 g flüssige Butter, 4 Eier, 1 TL Nelken, 3 TL Lebkuchengewürz, 2 EL Honig
Für die Dekoration: 2 EL Puderzucker, weihnachtliche Märchen-Nostalgie-Poesiebilder
Alter: ab 5 Jahren

Die Kinder geben nach und nach alle Zutaten in eine Schüssel und vermengen sie zu einem Rührteig.
Den fertigen Teig geben sie auf ein gefettetes Backblech.
Der Lebkuchen wird 30 Min. auf der mittleren Schiene bei 150 °C gebacken.
Nach dem Abkühlen schneiden die Kinder den Lebkuchen in kleine rechteckige Stücke, mind. in Größe der Nostalgie-Bilder.
Sie verrühren den Puderzucker mit etwas Wasser zu einer klebrigen Masse.
Damit bestreichen sie die Rückseite der Poesiebilder und kleben diese auf die Lebkuchen.
Die Nostalgie-Lebkuchen sind ein Blickfang für jede Gebäckschale. Wollen die Kinder die Lebkuchen essen, lösen sie vorsichtig die Poesiebilder ab, die ihren Platz z.B. in einem Freundebuch finden.

Keks-Knusperhaus

Dieses Kekshaus sieht aus wie das Hexenhaus von Hänsel und Gretel und gehört natürlich in jede Märchenecke.

Zutaten: 1 Eiweiß, 200 g Puderzucker, 3 Butterkekse
Für die Verzierung: Zuckerperlen, Schokoladen-Zuckerplätzchen, Smarties usw.
Alter: ab 4 Jahren

Die Kinder verrühren das Eiweiß mit dem Puderzucker. Aus zwei Butterkeksen kleben sie damit ein Spitzdach zusammen.
Auf dem dritten Keks fixieren sie das Spitzdach mit dem Zuckerkleber.
Der restliche Zuckerkleber wird wie eine Schneeschicht auf das Spitzdach gestrichen.
Darauf kleben die Kinder leckere Zuckerperlen, Schokoladenplätzchen, Smarties usw.
Die fertigen Keks-Knusperhäuser schmücken die Regale der Märchenecke.

Lesezeichen

Ein Lesezeichen ist ein wunderschönes Geschenk, das Kinder selbst herstellen können. Bis zum Verschenken am Heiligen Abend kommt jeden Tag ein anderes Lesezeichen im dicken Märchenbuch zum Einsatz.

Material: Efaplast, Nudelholz, weihnachtliche Plätzchenausstecher, Geschenkband, Textilkleber
Alter: ab 4 Jahren

Die Kinder rollen das Efaplast mit einem Nudelholz aus.
Mit den Ausstechförmchen stechen sie weihnachtliche Motive aus.
Sobald die Motive gehärtet sind, schneiden die Kinder ein ca. 36 cm langes Stück Geschenkband zu.
Auf beide Enden des Geschenkbandes kleben sie ein getrocknetes Motiv auf – schon ist das Lesezeichen fertig!

Sternentalergardine

Ist ein Fenster in der Märchenecke, lässt sich dieses mit einer Sterntalergardine atmosphärisch schmücken. Dazu passt das Sterntaler-Märchen, in dem die Sterne ebenso vom Himmel fallen wie bei der Fenster-Dekoration.

Material: Goldkordel, Schere, Gold- oder Silberfolie, Klebstoff, Gardinenstange (für kleine Bistrogardinen)
Alter: ab 5 Jahren

Die Kinder schneiden ca. zwölf unterschiedlich lange Fäden aus der Goldkordel zu.
Der längste Faden sollte ungefähr so lang sein wie das Fenster hoch ist.
Am Ende jedes Fadens bilden die Kinder mit einem Knoten eine kleine Schlaufe für die Gardinenstange.
Aus der Folie schneiden sie viele verschieden große Quadrate aus.
Jedes Quadrat wird zweimal Kante auf Kante gefaltet, sodass ein kleineres Quadrat entsteht.
Dieses Quadrat wird zu einem Dreieck gefaltet.
Auf der offenen Seite des Dreiecks schneiden die Kinder ein Dreieck ein. Dadurch entstehen Zackenspitzen wie bei einem Stern.
Sie falten die Sterne auseinander und kleben jeweils mehrere Sterne mit etwas Abstand zueinander quer über einen Faden.
Haben die Kinder alle Fäden mit Goldsternen ausgeschmückt, fädeln sie die Fäden über die Schlaufen auf die Gardinenstange.
Mithilfe der Gruppenleitung befestigen die Kinder die Gardinenstange am Fenster. Sowohl von innen als auch von außen ist das Fenster nun eine weihnachtliche Augenweide.

Der verlorene Wunschzettel

(frei nach Ilse Schmitt)

Jedes Jahr zur Spätherbstzeit können Kinder beobachten, wie sich gegen Abend der Himmel rot färbt. Es heißt, die himmlischen Christkindhelfer, die Engel, wirbeln nun voller Tatendrang im Himmel umher, um die vielen Wünsche der Kinder bis Weihnachten zu erfüllen. Dazu arbeiten sie in verschiedenen Werkstätten. So werden in der Schneiderei Kleider nach komplizierten Schnittmustern genäht, in der Holzwerkstatt stellen die Engel Bauklötze, Autos, Traktoren, Schaukelpferde und Puppenhäuser her, in der Puppenstube produzieren sie Puppen und Plüschtiere und nähen kuschelige kleine Bären zum Liebhaben, und in der Metallwerkstatt entstehen Fahrräder, Roller, ferngesteuerte Autos, Werkzeugkästen und vieles mehr. Und dann sind da noch die Wunschzettel-Engel, die jede Nacht über eine Himmelsleiter zur Erde hinabsteigen, um die von den Kindern geschriebenen Wunschzettel einzusammeln.

Ein solcher Engel war der quirlige Florentinus. Ganze Säcke voller Wunschzettel sammelte er von Nacht zu Nacht. Eines Morgens kam Florentinus ganz aufgeregt im Himmel an. Er war während seines Aufstiegs über die goldene Himmelsleiter mit einem Wunschzettelsack an einem Nagel hängen geblieben. Dabei war der Sack an einer Stelle aufgerissen und ein Wunschzettel war herausgeflattert. Florentinus wusste noch ganz genau, wie der Brief aussah, denn der Umschlag war besonders schön mit glitzernden Sternen geschmückt gewesen.
Und nun war der Brief weg, verschwunden, weggeflattert, und trotz ausgiebiger Suche hatte Florentinus den Brief nicht wieder gefunden. Der kleine Engel war sehr traurig, denn nun würde dieses Kind an Weihnachten kein Geschenk erhalten.
„Ich muss eine Lösung finden", dachte Florentinus und beschloss alle zu befragen, die den Wunschzettel gesehen haben könnten.

Einer davon war der Mond, der mit seinem großen runden Gesicht Florentinus in der Nacht immer den Weg von Haus zu Haus leuchtete. Doch der Mond hatte nichts gesehen, und auch die Sterne, seine zahlreichen Begleiter am Himmelszelt, konnten sich an keinen Wunschzettel erinnern.
Florentinus fiel ein, dass es sehr windig war, als er den Brief verlor, und so befragte er als nächstes den Wind. Doch auch der hatte den Wunschzettel nicht gesehen. Auch die Sonne, die den Tag erhellt, konnte sich nicht daran erinnern, jemals einen glitzernden Wunschzettel gesehen zu haben. Denn zu Florentinus' Pech hatte die Sonne an diesem Tag die Erde nicht erreichen können. Zu viele Schneewolken lagen zwischen Sonne und Erde, und mittlerweile purzelte eine Schneeflocke nach der anderen aus den großen dunklen Schneewolken und bedeckten die Erde mit einer dicken Schneeschicht. Die Erde sah nun aus, als sei sie dick mit Puderzucker bestäubt.
Florentinus war schrecklich traurig: Was sollte er nur dem Christkind sagen? Es war bereits ein Tag vor Heiligabend und er hatte den Brief noch immer nicht gefunden. Vor lauter Verzweiflung fing er an zu weinen. Er weinte und weinte, so sehr, dass der Schnee zu schmelzen begann. Bekümmert starrte Florentinus mit dem großen himmlischen Fernrohr hinab zur Erde.

Weihnachtliche Nischen und Ecken   61

Da funkelte ihm plötzlich ein grell glänzender Lichtschein entgegen. Wo kam dieser Glanz her? Florentinus wurde ganz aufgeregt und stellte sein Fernrohr schärfer – und was sah er? Eine kleine listige Elster saß auf einem Baum, und in ihrem Schnabel hielt sie – den vermissten Wunschzettel! „Na klar", rief Florentinus und lachte erleichtert. Dass er nicht schon früher daran gedacht hatte, die Elstern auf der Erde zu befragen, wo doch die Menschen den listigen Elstern nachsagen, dass sie alles sammeln, was funkelt und glitzert, genau wie die Sterne auf dem Briefumschlag!

Florentinus war überglücklich. Sofort flog er hinab zu der Elster, um von ihr den Brief zu erbitten. „Normalerweise würde ich den Brief nicht herausgeben", sagte die Elster, „denn welche Elster rückt schon glitzernde Kostbarkeiten freiwillig heraus! Doch weil Weihnachten ist und ich es nicht ertragen könnte, ein Kind unter dem Christbaum weinen zu sehen, mache ich dieses Mal eine Ausnahme. Doch ich warne dich: Gib nächstes Jahr auf deine kostbaren Wunschbriefe besser Acht! Nicht alle Elstern sind so weichherzig wie ich."

Florentinus bedankte sich bei der Elster für ihren Großmut und versprach, in Zukunft immer ganz vorsichtig zu sein. Nun durfte er jedoch keine Zeit mehr verlieren, denn die Werkstattengel mussten noch einige Überstunden machen, um die Wünsche des Kindes rechtzeitig erfüllen zu können.

Wessen Wunschbrief Florentinus wohl verloren hatte?

Brettspiel
„Der verlorene Wunschzettel"

Nach der vorausgegangenen Weihnachtsgeschichte entwerfen die Kinder für die Märchenecke das folgende weihnachtliche Brettspiel.

Material: fester weißer Fotokarton (DIN A2), Bunt- oder Filzstifte, Schreibsachen, selbstklebende Transparentfolie
Alter: ab 5 Jahren

Die Kinder malen an den äußeren Blattkanten entlang den Inhalt der Geschichte. Auf diese Art entsteht eine Bildergeschichte, die sich wie eine Bordüre um den Kartonrand rankt.
In oder oberhalb der Motive malen die Kinder Spielfelder von 1 bis 30 ein. Das Startfeld ist neben dem Beginn der Bildergeschichte, das Ziel neben der letzten Szene.
Von den 30 Feldern sollten ca. zwölf Felder Aktionsfelder sein. Dafür überlegen sich die Kinder eigene Spielregeln wie z.B.:

★ Florentinus merkt, dass er einen Wunschzettel verloren hat. Vor Schreck setzt er eine Runde aus.
★ Florentinus' Briefsuche bleibt ohne Erfolg. Rücke drei Spielfelder zurück.
★ Florentinus entdeckt durch das Fernrohr die Elster und macht sich eilig auf den Weg zur Erde. Du darfst zweimal würfeln, um schneller anzukommen.

Die Gruppenleitung notiert die erfundenen Spielregeln und Erklärungen auf einem Zettel.
Zusätzlich zeichnen die Kinder in jedes Aktionsfeld ein Symbol, das sie gleich daran erinnert, was dort zu tun ist.
Ist das Spiel fertig, überziehen die Kinder es zum Schutz mit transparenter Folie.
Der Gewinner darf für die nächste Märchenstunde eine weihnachtliche Geschichte aussuchen!
Hinweis: Beim ersten Spieldurchlauf liest die Gruppenleitung die aufgeschriebenen Spielregeln zu den jeweiligen Aktionsfeldern laut vor. Haben die Kinder das Spiel ein oder zweimal gespielt, reichen die aufgezeichneten Symbole als Erinnerung.

Weihnachtliche Nischen und Ecken

Geschenke- und Verpackungsecke

Die Malecke, die das ganze Jahr über Gestaltungs-Materialien bereithält und Platz für Kreativaktionen bietet, wird in der Adventszeit zur Geschenke- und Verpackungsecke. Hier wird jeden Tag eine andere weihnachtliche Attraktion zum Thema Geschenke, Karten, Päckchen und Verpackung angeboten.
Da jeden Tag andere Materialien benötigt werden und die Materialflut trotzdem nie zu groß sein sollte, achtet die Gruppenleitung darauf, dass immer nur das aktuelle Material offen zur Verfügung steht.
Hinweis: Um in der Malecke von Beginn der Adventszeit an einen stimmungsvollen Akzent zu setzen, eignet sich der „Adventskranz für die Geschenke- und Verpackungsecke" auf S. 11!

Schneeschüttelgläser

Material: kleine weihnachtliche Plastikfiguren (z.B. Baumbehang), Marmeladenglas mit Schraubdeckel, Sekundenkleber (oder anderer nicht wasserlöslicher Klebstoff), Glitter oder Glitzersterne, flüssiges Glyzerin (Apotheke)
Alter: ab 5 Jahren

Die Kinder kleben die Plastikfiguren von innen auf den Deckel des Marmeladenglases. Die Figuren müssen so klein und so fixiert sein, dass sich der Deckel später noch auf das Glas schrauben lässt.

Das Glas füllen sie mit Glitter oder Glitzersternen und zu $2/3$ mit Wasser.
Das letzte Drittel füllen sie mit Glyzerin auf.
Auf das Schraubgewinde des Deckels geben die Kinder etwas Klebstoff und schrauben den Deckel fest auf das Glas.
Damit der Klebstoff gut trocknen kann, stellen die Kinder das Glas vorübergehend mit dem Deckel nach oben auf.
Ist der Verschluss fest verklebt, kann das Schütteln losgehen. Durch das Glyzerin ist das Wasser so dickflüssig, dass der Glitzerschnee langsam auf die Figuren herabfällt, wenn das Glas mit dem Deckel nach unten gedreht wird.

Schneeseifenkugeln

Material: weiße Seifenreste oder billige Kernseife, grobe Reibe, Schüssel, Wassersprüher, Orangen- oder Limettenöl, Esslöffel; evtl. Marmeladenglas
Alter: ab 4 Jahren

Die Kinder zerreiben die Seife auf einer Reibe zu groben Flocken.
Diese geben sie in eine Schüssel und besprühen sie mit warmem Wasser. Dabei rühren sie die Masse solange um, bis alle Seifenraspeln angefeuchtet sind.
Für den weihnachtlichen Zitrusduft fügen die Kinder noch etwas Limetten- oder Orangenöl hinzu und lassen die Seifenmasse ca. 10 Min. ruhen.
Aus je einer Handvoll Seifenflocken lassen sich nun mithilfe eines Löffels feste Kugeln formen.
Nach ca. 1 Std. sind die Kugeln an der Luft getrocknet und hart.
Mehrere dieser Kugeln in ein leeres Marmeladenglas gefüllt sind ein schönes Geschenk für Mama oder Papa.

Zimtseife

Material: Pergamentpapier, weihnachtliche Ausstechförmchen, Kernseife, Reibe, Topf, Zimt, Zimtöl; evtl. Nelkenpulver, Ingwerpulver, Orangenschalen, Zimtschalen, Nelkenöl, Ingweröl, Orangenöl, Zitronenöl
Alter: ab 5 Jahren

Die Kinder rollen das Pergamentpapier aus und legen darauf die Plätzchenformen.
Die Kernseife zerreiben sie in viele Seifenflocken.
Der Boden des Topfes wird mit etwas Wasser bedeckt und die Seifenflocken kommen hinzu.
Mithilfe der Gruppenleitung bringen die Kinder die Seife auf dem Herd unter Rühren zum Schmelzen.
Währenddessen fügen sie der Masse Zimt und etwas Zimtöl zu.
Die Seifenmasse wird vom Herd genommen und kühlt solange aus, bis sie sich formen lässt.
Die Kinder füllen die bereitgestellten Plätzchenformen mithilfe eines Löffels mit der Seifenmasse.

Dort kühlt die Seife vollständig aus und härtet dabei.
Die fertige Zimtseife ist ein tolles Geschenk und lässt in der Advents- und Weihnachtszeit das Badezimmer wunderbar duften.

Variante

Statt des Zimts fügen die Kinder der Seife Nelken- oder Ingwerpulver oder geriebene Orangen- oder Zitronenschale hinzu inkl. der passenden Öle zum Parfümieren.

Gefilzte Massageseife

Eine eingefilzte Massageseife ist ein schönes Weihnachtsgeschenk aus Kinderhand.

Material: Oliven- oder Kernseife, Filzwolle in Rot und Grün, Schmierseife, Schüssel
Alter: ab 5 Jahren

Die Kinder wickeln die Seife in rote und grüne Filzwolle ein, sodass kein Stücken Seife mehr zu sehen ist.
Mit Schmierseife und warmem Wasser (ca. 1 Kappe Schmierseife auf $1/2$ l Wasser) filzen die Kinder die Seife in die Wolle ein. Dazu streichen sie anfangs sanft über die weiche, feuchte Wolle, später immer fester. Dabei legt sich die Wolle immer dichter um die Seife, sodass eine Filzhülle entsteht, bei der sich die beiden Wollfarben zu ineinander übergehenden Farbklecksen verbinden.
Nach einem Tag ist die Seife getrocknet und lässt sich als Geschenk verpacken.
Schwimmt die Seife mit der Filzhülle in der Badewanne, dringt Seife durch den Filz nach außen. Der Filz dient als Massage-Waschlappen, der die Haut von abgestorbenen Hautzellen befreit.

Weihnachtliche Nischen und Ecken 65

Weihnachtliche Kerzen schnitzen

Material: 1 große getauchte Stumpenkerze, V-Linoldruckschnitzmesserchen (aus dem Bastelladen)
Alter: ab 6 Jahren

Farbig getauchte Stumpenkerzen sind innen weiß und haben außen eine farbige Wachsschicht. Die Kinder bearbeiten diese Kerzen weihnachtlich, indem sie Muster in die Kerze einritzen. Mit einem Linoldruckmesserchen ritzen sie vorsichtig Sterne oder andere weihnachtliche Motive in die farbige Schicht. Dabei verletzen die Kinder das bunte Wachs, sodass das weiße Wachs unter der farbigen Oberfläche als Muster sichtbar wird.

Gerollter Kerzenschmuck

Material: bunte Reste Wachsmalkreide, Küchenreibe, Backpapier, Haushaltskerze
Alter: ab 4 Jahren

Die Kinder zerreiben die Wachsmalkreide mithilfe einer Küchenreibe über einem Bogen Backpapier. Diesen Bogen legen sie mit den geraspelten Spänen auf eine Heizung, damit sie dort durch die Wärme weich werden.
Den Bogen mit den weichen Spänen legen sie auf einen Tisch und rollen die Kerze darüber, sodass darauf farbige Muster entstehen.

Wollknäuelverpackung

Geschenke wollen nicht nur in liebevoller Handarbeit erstellt werden, sondern auch originell verpackt sein. Die Wollknäuelverpackung bietet sich besonders für kleine Geschenküberraschungen an.

Material: Wolle in weihnachtlichen Farben (Rot, Tannengrün, Gold, Silber), kleine Geschenküberraschungen
Alter: ab 4 Jahren

Kleinere Überraschungen und Geschenke lassen sich wunderschön mit Wolle umwickeln. Dazu nutzen die Kinder einen etwas größeren Wollknäuelrest und umwickeln das Geschenk zu einer dicken Wollweihnachtskugel. Dabei verschwindet das Geschenk im Inneren des neu aufgewickelten Knäuels.
Der Beschenkte wird sich wundern, wenn er sein Geschenk statt auszupacken entwickeln muss!

Kleines Geschenk riesengroß

Kinder verpacken sehr gerne Geschenke. Ein kleines Geschenk mehrmals verpackt wird zu einer riesengroßen Überraschung!

Material: viele Kisten und Schachteln in unterschiedlichen Größen zum Ineinanderstecken, Weihnachtspapier, Geschenkband, Klebeband; evtl. Namensschildchen
Alter: ab 5 Jahren

Jedes Kind sucht sich aus dem Sammelsurium von Kisten und Schachteln mind. drei Stück aus, die wie Babuschkas, die russischen Holzpuppen, ineinander gesteckt werden können.
In die kleinste Schachtel geben sie ihre kleine Überraschung und verpacken diese mit Geschenkpapier und Geschenkband.
Das verpackte Geschenk stecken sie in die nächst größere Schachtel und verpacken diese wieder.
Diesen Vorgang wiederholen sie, bis sie entweder keine Lust mehr haben oder keine nächst größere Schachtel mehr zur Verfügung steht.

Variante

Besonders lustig wird es beim Auspacken in größerer Runde, wenn auf jeder Verpackung ein anderer Name steht. So wandert das Geschenk von Hand zu Hand, bis schließlich der eigentlich Beschenkte das letzte Päckchen auspackt.
In diesem Fall kann das Geschenk auch einfach ohne Schachteln in immer neues Papier eingewickelt werden.

Geschenkpapier in Kleistertechnik

Material: Temperafarben in Rot und Grün, dicker, breiter Borstenpinsel, 2-3 große Bögen weißes Papier (Stärke ca. 120 g), Tapetenkleister, dicker Karton, Schere
Alter: ab 4 Jahren

Die Kinder bemalen die Kartonbögen mit der roten Temperafarbe und lassen die Farbe trocknen.
Mithilfe der Gruppenleitung rühren sie den Tapetenkleister nach der Verpackungsbeschreibung möglichst dickflüssig an und rühren grüne Temperafarbe darunter, bis der Kleister den gewünschten Farbton erreicht hat.
Aus dem Karton schneiden die Kinder einen Pappkamm mit drei großen Zinken.
Die Kleisterfarbe tragen sie rasch mit dem breiten Pinsel deckend über die rote Farbfläche auf.
Mit dem Kamm kratzen sie in den noch flüssigen Kleister weihnachtliche Motive, z.B. Sterne oder Tannenbäume. Dabei kratzen sie die Kleisterschicht mit dem Pappkamm weg, sodass die zuvor aufgetragene rote Farbschicht unter dem Grün wieder sichtbar wird.
Sind die Papiere getrocknet, lassen sie sich als wunderschönes Geschenkpapier einsetzen.

Variante

Bearbeiten die Kinder das getrocknete Papier mit Öl (s.S. 99 „Nikolauslaterne"), können sie daraus wunderschöne Laternen und Lichterketten (s.S. 56) gestalten.

Weihnachtliche Nischen und Ecken

Bedrucktes Weihnachtspapier

Geschenkpapiere lassen sich mit selbst gemachten Druckstöcken herstellen. Der große Vorteil: Die Motive lassen sich identisch wiederholen!

Material: Moosgummi, feinporige Schwämme, dicke Pappe, Schere, Bierdeckel, Klebstoff, Packpapier in verschiedenen Farben, Klebeband, Temperafarbe, Pinsel; evtl. Karten oder Briefpapier und Umschläge
Alter: ab 4 Jahren

Aus Moosgummi, Schwämmen oder dicker Pappe fertigen die Kinder kleine Druckstöcke an, indem sie daraus weihnachtliche Motive wie Tannenbaum, Stern oder Engel schneiden.
Die Motive kleben sie auf die festen Bierdeckel.
Auf der Arbeitsfläche rollen sie Packpapier aus und fixieren es mit Klebeband am Arbeitstisch.
Sie bemalen die Motive mit Farbe und drücken ihren Druckstock auf das Packpapier. So entstehen je nach Farbwahl bunt oder unifarben bedruckte Geschenkpapierbögen mit einem Motivmuster. Tauschen die Kinder ihre Drucksstöcke untereinander aus, lassen sich auch mehrere Motive miteinander kombinieren.

Varianten

★ Die Kinder kleben mehrere Motive auf einen Bierdeckel, z.B. mehrere Tannenbäume oder Sterne in unterschiedlichen Größen.
★ Der Druckstock wird nicht nach jedem Druck wieder mit Farbe bemalt, sondern mehrfach eingesetzt, sodass das Motiv immer blasser wird.
★ Ein Motiv wird mehrmals versetzt übereinander gedruckt, ggf. mit verschiedenen Farben.
★ Die Kinder bedrucken statt des Papiers weihnachtliche Karten oder Briefpapier und Briefumschläge.

Geschenkpapier für Express-Engel

Ein rollender Druckstock zaubert im Handumdrehen einen ganzen Tannenwald oder einen Sternenhimmel aufs Geschenkpapier.

Material: Moosgummi, dicke Pappe, Schere, altes Nudelholz (alternativ: feste Papprolle oder glatte Flasche), Bastelkleber, Packpapier in verschiedenen Farben, Klebeband, Temperafarbe, Pinsel
Alter: ab 5 Jahren

Die Kinder schneiden aus Moosgummi oder dicker Pappe weihnachtliche Motive aus und kleben diese auf das Nudelholz.
Das Packpapier wird auf der Arbeitsfläche ausgebreitet und mit Klebeband fixiert.
Die Motive auf dem rollenden Nudelholz-Druckstock bemalen die Kinder mit Farbe und rollen mit dem Nudelholz über das Packpapier. Sicher sind sie überrascht, wie schnell sich die Motive auf dem Papier vervielfältigen!

Geschenkschachteln falten

leicht, geht gut

Material: 2 Bögen quadratisches Zeichenpapier (bemalt, bedruckt – s.S. 67 – oder anders gestaltet, s. z.B. S. 66 „Geschenkpapier in Kleistertechnik"
Alter: ab 5 Jahren

Beim Falten von Schachteln richtet sich die Größe des Quadrats nach der gewünschten Schachtelgröße.
1. Die Kinder falten das quadratische Blatt diagonal zu einem Dreieck und wieder auseinander und wiederholen den Schritt mit den beiden anderen gegenüberliegenden Ecken. Ist das Quadrat wieder aufgeklappt, ist ein diagonales Kreuz entstanden.
2. Die vier Ecken werden zum Kreuzungspunkt der Diagonalen hin gefaltet, sodass ein kleineres Quadrat in Form eines Briefumschlags entsteht.
3. Sind alle Faltungen wieder aufgeklappt, ist ein Faltquadrat erkennbar. Die Kinder falten die vier Ecken nacheinander zur jeweils gegenüberliegenden Knifffalte (s. Abb.) und klappen sie wieder auf. Dadurch wird das Quadrat in lauter kleine Quadratfelder unterteilt.
4. Nach dem Aufklappen falten die Kinder die vier Quadratecken zur nächstliegenden Knifffalte (s. Abb.) und wieder auseinander, um die Quadratfelder an den Ecken zu vervollständigen.
5. Sie falten zwei gegenüberliegende Ecken erneut wie in Schritt 4 um und schneiden rechts und links davon das Papier auf der Faltlinie zwei Felder tief ein (s. Abb.).
6. Die beiden anderen Seiten falten die Kinder zweimal je ein Feld weit nach innen um und stellen sie zu zwei Schachtelwänden nach oben auf.
7. Die vier spitzen Zipfel am Ende der Längsseiten knicken die Kinder nach innen, sodass daraus die dritte und vierte Schachtelwand entsteht.
8. Den eingeschnittenen Teil stellen sie auf und knicken ihn über die beiden neuen Schachtelwände hinweg ins Schachtelinnere.
   Mit dem anderen Bogen wiederholen die Kinder den Vorgang und stecken die beiden Schachtelteile anschließend ineinander.

Die Geschenkschachtel ist fertig und die Kinder können sie mit einer Überraschung füllen.

Weihnachtskartenpuzzle

Weihnachtskarten zum Zerschneiden als Kartenpuzzle sind der Hit!

Material: doppelseitige Weihnachtskarten vom letzten Jahr, Schere, (Mal)stifte, Briefumschläge, Briefmarken
Alter: ab 5 Jahren

Die Kinder schneiden die beiden Seiten der alten Karten auseinander und werfen die beschriebene zweite Seite weg.
Auf die Rückseite der ersten Motivseite malen oder schreiben sie ihren Weihnachtsgruß.
Diese Karte zerschneiden die Kinder in ca. 15 bis 20 kleine Puzzleteile.
Während die Gruppenleitung die Adresse auf den Briefumschlag schreibt, testen die Kinder, ob sie das Kartenpuzzle selbst wieder zusammensetzen können. Sie füllen die Puzzleteile in den Briefumschlag, kleben die Marke drauf – und ab geht die Post!
Die Überraschung der Weihnachtsgruß-Empfänger wird sicher groß sein, wenn sie erst einmal die Karte zusammenpuzzeln müssen um zu wissen, wer die lieben Weihnachtgrüße versendet hat.

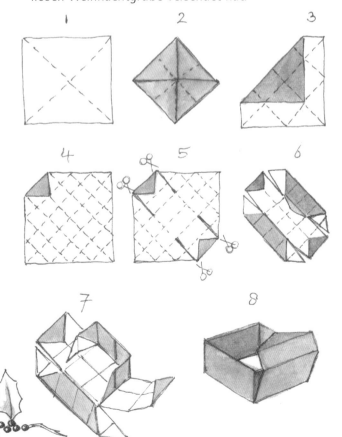

Weihnachtliche Nischen und Ecken

Patchwork-Karten

Material: DIN-A4-Tonpapier in Rot und Grün, weihnachtliche Patchworkstoff-Reste, Schere, Textilkleber, (Mal-)stifte, Briefumschläge, Briefmarken
Alter: ab 4 Jahren

Die Kinder halbieren den Bogen Tonpapier und falten beide Blätter in der Mitte zu zwei doppelseitigen Karten zusammen. Die Grußkartenrohlinge passen nun in jeden normalen Briefumschlag.
Die Oberseite dieser Karte bekleben die Kinder nach Herzenslust mit weihnachtlichem Patchworkstoff: Patchworkstoffe haben in ihren Mustern viele kleine Motive, die in der Patchwork-Sprache „Labels" genannt werden. Diese können die Kinder ausschneiden und mit Textilkleber auf die Schauseite der Karte kleben.
Ist die Karte weihnachtlich beklebt, malen oder schreiben die Kinder einen Weihnachtsgruß hinein. Oma, Opa, Tanten und Onkel werden sich riesig über eine solche weihnachtliche Patchwork-Post freuen.

Gespritzte Karten

Mit der Spritztechnik lassen sich auf experimentelle Art und Weise mit Kindern festliche Weihnachtskarten gestalten. Jede Karte ist ein wahres Unikat.

Material: DIN-A4-Tonpapier in Rot und Grün, Schere, Tortenspitze, Goldfarbe, Zahnbürste, Wasserglas, Spritzsieb; evtl. Motivstanzer, Schwamm, Locher, Goldkordel
Alter: ab 5 Jahren

Die Kinder schneiden aus den Tonpapierbögen zwei Kartenrohlinge aus (s.o. „Patchwork-Karten").
Aus der Spitze der Tortenspitze schneiden sie Motive oder dekorative Teilstücke aus. Alternativ stanzen sie die Motive mit dem Motivstanzer aus.
Die Motive werden auf die Vorderseite der zusammengeklappten Karte gelegt.
Die Kinder befeuchten die Zahnbürste im Wasserglas und nehmen damit Goldfarbe auf.
Sie halten das Sieb einige Zentimeter über die Karte und reiben mit der Zahnbürste darüber, sodass viele kleine goldene Spritzer entstehen, die vor allem die Ränder der aufgelegten Motive dicht bedecken sollen. Die Kinder achten darauf, dass die Motive während des Spritzens nicht verrutschen.
Nehmen sie nach der großen Spritzerei ihre ausgestanzten Motive von der getrockneten Karte herunter, heben sich diese von den goldigen Spritzern in der Farbe der Karte ab.

Varianten
★ Auch die „Sternkristalle" (s.S. 76) eignen sich als Motivvorlage für die Spritztechnik.
★ Statt zu spritzen tupfen die Kinder mit einem Schwamm Farbe über die Motive.
★ Kleine Motive legen die Kinder auf Tonpapierreste. Sie lochen das Papier an einer Ecke und ziehen ein Stück Goldkordel durch – schon ist ein attraktiver Paketanhänger entstanden.

Tetrapackdruck auf Briefpapier

Material: 1 leere Milchtüte (oder andere Tetrapacktüte), Schere, feuchtes Tuch, Kugelschreiber, Glasplatte, Klebeband, Linoldruckfarbe in Rot oder Grün, Linoldruckwalze, Kopierpapier; evtl. Goldkordel, Locher
Alter: ab 5 Jahren

Die Kinder schneiden die Tetrapacktüte auf und reinigen die Silberbeschichtung.
Sie schneiden die Tüte in ca. 15-18 cm lange und 3 cm breite Streifen.
Mit dem Kugelschreiber drücken die Kinder weihnachtliche Motive in die Silberschicht.
Bevor sie mit der Glasplatte arbeiten, klebt die Gruppenleitung wegen der Verletzungsgefahr die Ränder mit Klebeband ab.
Die Kinder geben etwas Linoldruckfarbe auf die Glasplatte und rollen diese mit der Walze auf der Glasplatte aus. Die Farbe muss beim Ausrollen „knatschende" Geräusche machen.
Mit der farbigen Walze rollen die Kinder über ihre Tüten-Streifen.
Sie legen das Kopierpapier so auf den Streifen, dass er sich an einem Papierrand befindet, und streifen mit der Handfläche sanft über das Papier.
Wenn sie den Bogen von ihrem Streifendruckstock abziehen, erscheint eine weihnachtliche Bordüre auf dem Briefpapier – ein tolles Geschenk für Papa oder Mama für die Weihnachtspost.

Variante

Die einzelnen Streifen lassen sich auch als Paketanhänger auf schmale Tonpapierreste drucken. Mit einer Goldkordel und einem Locher werden sie zu dekorativen Paketanhängern.

Monotypie-Karten

Mit dem Monotypieverfahren lassen sich auf experimentelle Art und Weise rasch mit Kindern Weihnachtskarten drucken.

Material: weißes DIN-A4-Tonpapier, Schere, Linoldruckfarben in Rot und Grün, gut abwaschbarer Tisch (alternativ: Glasplatte mit abgeklebten Rändern), Linoldruckwalze, Pinsel; evtl. selbstklebende Etiketten, Motivstanzer, Kopierpapier
Alter: ab 5 Jahren

Die Kinder schneiden aus dem Tonpapier zwei Karten zu (s.S. 69 „Patchwork-Karten").
Sie geben ein paar winzige Tropfen Linoldruckfarbe auf den Tisch und verteilen die Farbe mit der Linoldruckwalze etwas größer als das Kartenformat auf dem Tisch. Die Farbe muss beim Ausrollen ein „knatschendes" Geräusch verursachen.
In die farbige Fläche ritzen die Kinder mit der Rückseite eines Pinsels ein weihnachtliches Motiv (Tannenbaum, Stern, Engel usw.) in der Größe der Karte.
Sie legen die Karte mit der Vorderseite auf das Motiv und drücken sanft darauf.
Ziehen die Kinder die Karte von der Farbfläche ab, erscheint das Motiv eingebettet in die Farbe auf der Karte.
Hinweis: Wer mit dem Ausrollen der Farbe fertig ist, sollte einfach mit der Rolle über eine Karte rollen. Je mehr die Kinder experimentieren, desto fantastischer sind die Ergebnisse!

Variante

Die Kinder scheiden oder stanzen aus selbstklebenden Etiketten weihnachtliche Motive aus und kleben sie auf den Tisch. Darüber rollen sie die Farbe aus. Sie legen die Karte aus Kopierpapier auf das Motiv und rollen mit einer sauberen Linoldruckwalze darüber.

Weihnachtliche Fenster

Große und kleine Fenster, Fensterbänke und Fensternischen lassen sich in der Advents- und Weihnachtszeit mit Kindern stimmungsvoll gestalten. Statt einem bunten Durcheinander vieler verschiedener Materialien, Objekte und Stile bietet sich eine thematische Gestaltung an, um ein oder mehrere Fenster im Gruppenraum, im Klassenzimmer oder auch zu Hause zu schmücken. Dadurch ergibt sich ein stimmiges Gesamtbild, in dem sich die verschiedenen Dekorationen gegenseitig ergänzen.

Das folgende Kapitel zeigt dazu drei Möglichkeiten auf. Selbstverständlich lassen sich mit etwas Fantasie auch andere Angebote aus dem Buch neu zusammenstellen, z.B. zu einem „Nikolausfenster" oder einem „Kerzenfenster" ...

Naturfenster

Grundgestaltung

Material: Tücher in Naturfarben, Heftzwecken

Zur Weihnachtszeit müssen nicht alle Dekorationen grell-bunt oder glitzernd sein. Auch mit Naturmaterialien lassen sich aus Kinderhand wunderschöne weihnachtliche und adventliche Basteleien herstellen, mit denen die Kinder Fenster und Fensterbänke weihnachtlich dekorieren.
Als Grundlage dienen Tücher in Naturfarben, die die Kinder über die Fensterbank breiten. Mit Heftzwecken lässt sich die eine oder andere Tuchecke auch etwas höher in der Wandnische neben dem Fensterrahmen befestigen.
Hinweis: Auf S. 71 findet sich die Anleitung für einen „Adventskranz für das Naturfenster"!

Naturketten-Gardine

Material: feiner Golddraht, Zange, Naturmaterialien (Sternanis, getrocknete Orangen- und Zitronenscheiben, Zimtstangen, Kiefernzapfen, Lerchenzapfen, Kastanien, Bucheckern, Mohnkapseln usw.), Gardinenstange
Alter: ab 5 Jahren

Die Kinder kneifen ein langes Stück Golddraht ab und umwickeln damit verschiedene Naturmaterialien. Dabei lassen sie zwischen den Gegenständen ca. 4 cm Abstand. So entsteht eine lange Kette aus Naturmaterialien, die durch den dünnen Golddraht für einen glanzvollen Effekt sorgt.
Mehrere solcher Ketten nebeneinander auf einer Gardinenstange angeordnet sorgen für adventliche Atmosphäre.

Zweig-Sterne

Material: 10 ca. gleich lange und gleich dicke Zweige, Alleskleber, roter oder naturfarbener Bast, Kordel, Gardinenstange; evtl. transparentes Klebeband
Alter: ab 5 Jahren

Die Kinder legen aus zehn Zweigen einen fünfzackigen Stern, bei dem sich die Enden der Zweige überschneiden (s. Abb.).
Die Enden fixieren sie mit Klebstoff.
Ist dieser ausgehärtet, umwickeln die Kinder die Verbindungsstellen dekorativ mit naturfarbenem oder rotem Bast.
Fädeln sie durch die Sterne eine Kordel, lassen sie sich an einer Gardinenstange aufhängen.

Varianten

★ Die Gardinenstange wird abwechselnd mit den Sternen und einer „Naturkette" (s.o.) bestückt.
★ Frei in der Fensternische hängend ist ein einzelner Stern ebenfalls ein Blickfang.
★ Besonders kleine Zweigsterne lassen sich mit transparentem Klebeband wie ein Rahmen um den Fensterrahmen arrangieren.

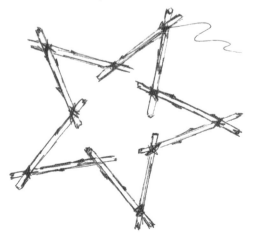
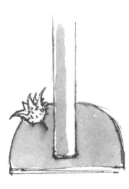

Weihnachtliche Fenster

Bucheckern-Kerzenständer

Wer im Herbst Bucheckern sammelt, kann daraus in der Adventszeit einen schönen Kerzenständer anfertigen.

Material: rote Knetmasse, Einmachglas-Schraubdeckel, 1 rote Haushaltskerze, Bucheckern, Streichhölzer
Alter: ab 4 Jahren

Aus der Knetmasse formen die Kinder eine dicke faustgroße Kugel.
Sie drücken die Kugel randbündig in den Schraubdeckel des Einmachglases, sodass aus der Knetkugel eine Halbkugel entsteht.
In der Mitte der Halbkugel fixieren die Kinder die Haushaltskerze, indem sie sie bis auf den Boden drücken.
Die Bucheckern stecken sie dicht an dicht in die Knethalbkugel, bis kein Fleck der Knetmasse mehr zu sehen ist.
Der fertige Kerzenständer erhält einen Platz auf der Naturfensterbank und lässt dort das Fenster hell erstrahlen.

Zwetschgenfiguren

Zwetschgenfiguren aus Trockenobst sind in vielen Regionen typisch für die Adventszeit.

Material: Blumendraht (Stärke: 1 mm), Zange, 8 gedörrte Zwetschgen, 5 getrocknete Feigen, 1 Walnuss, Küchenmesser, Zahnstocher, 2 Korken, Stopfnadel, Papierreste, Stoffreste, Schere, Alleskleber, Filzstift, Schmuckbänder
Alter: ab 5 Jahren

Die Kinder kneifen zwei 30 cm lange Stücke vom Draht ab.
Auf beide Drahtstücke fädeln sie jeweils an einem Ende hintereinander zwei Zwetschgen als Beine so auf, dass noch ein kleines Stück Draht herausschaut. Diese Drahtenden biegen die Kinder um; sie bilden später die Füße.
Die oberen langen Drahtenden werden zusammengeführt und durch fünf Feigen gesteckt, die den Körper bilden.
Die beiden Drähte biegen die Kinder oberhalb der Feigen wieder auseinander für die Arme und spießen jeweils zwei Zwetschgen darauf. Die herausstehenden Drahtenden werden als Hände leicht umgebogen.
Mit einem Küchenmesser bohren sie ein kleines Loch in die Naht der Walnuss.
In dieses Loch stecken sie die eine Spitze des Zahnstochers, die andere Spitze stecken sie in den Feigenkörper, um die Walnuss als Kopf auf dem Körper zu befestigen.
Für die Füße bohren die Kinder mit der Stopfnadel in die beiden Korken je ein Loch und stecken die Korken auf die unteren abgeknickten Drahtspitzen.
Aus Papier und Stoff schneiden die Kinder der Zwetschgenfigur ganz nach Belieben Rock, Kopftuch, Anzug oder Hose und kleben alles auf den Körper.
Mit einem Filzstift malen sie ein Gesicht auf die Walnuss.
Das Schmuckband wird zu einer großen Schleife um den Hals der Figur gebunden.
Sicher fällt den Kindern bei der Ausgestaltung noch vieles mehr ein, bevor sie die fertigen Zwetschgenfiguren auf die Naturfensterbank setzen.

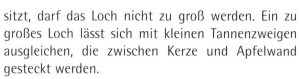

Weihnachtszwerge

Weihnachtszwerge spielen in nordischen Kulturen eine große Rolle und gehören dort zur weihnachtlichen Tradition.

Material: Kiefernzapfen, Holzkugel (proportional auf die Größe des Kiefernzapfens abgestimmt), Holzleim oder Heißklebpistole, roter Filz, Schere, Watte, Alleskleber, Filzstift; evtl. Kordel, Apfelbaumast, Vase
Alter: ab 5 Jahren

Auf den Kiefernzapfen als Körper des Weihnachtszwerges kleben die Kinder mithilfe der Gruppenleitung die Holzkugel als Kopf. Mit Holzleim dauert es eine Zeit, bis die Kugel fixiert ist, mit der Heißklebepistole geht es sehr schnell.
Ausgeschmückt wird der Weihnachtszwerg mit einer roten Filzzipfelmütze, einem Wattebart und natürlich einem Gesicht, das die Kinder mit Filzstift aufmalen.
Mit dem fertigen Weihnachtszwerg schmücken die Kinder die Naturfensterbank weiter aus.

Variante

Alternativ befestigen die Kinder eine Kordel um den Kiefernzapfen und hängen den Weihnachtszwerg an einen kargen Apfelbaumast, der in der Fensternische in einer Vase seinen Platz findet. Bis Weihnachten wird dieser sicher erblühen.

Apfellichter

Material: 1 großer roter Apfel, weiches Tuch, Küchenmesser, 1 Haushaltskerze oder Teelicht, Streichhölzer; evtl. kleine Tannenzweige, große Schale
Alter: ab 5 Jahren

Die Kinder reiben den Apfel mit einem weichen Tuch solange ab, bis er glänzt.
Mit einem Küchenmesser bohren sie vom Stiel ausgehend vorsichtig ein Loch für die Kerze oder das Teelicht in den Apfel. Damit die Kerze fest im Apfel sitzt, darf das Loch nicht zu groß werden. Ein zu großes Loch lässt sich mit kleinen Tannenzweigen ausgleichen, die zwischen Kerze und Apfelwand gesteckt werden.
Das fertige Apfellicht beleuchtet auf der Naturfensterbank stimmungsvoll Zwetschgenfiguren und Weihnachtszwerge (s.o.).

Varianten

★ Vier Apfellichter nebeneinander auf der Fensterbank aufgereiht werden zu einem kleinen Adventskranz: Woche für Woche wird ein Apfellicht mehr angezündet.
★ Apfellicht als Schwimmkerze: In eine Schale mit Wasser werden vier Apfellichter gesetzt als schwimmender Adventskranz!

Physalis-Lichterkette

Material: Lichterkette, 1 rote Physalis pro Lämpchen (aus dem Bastel- oder Blumenladen), Nägel, Hammer; evtl. Verlängerungskabel
Alter: ab 5 Jahren

Die Kinder stechen mit einem Nagel an der Stängelseite jeder einzelnen Physalis vorsichtig ein kleines Loch.
Durch dieses Loch schieben sie die kleinen Glühbirnchen der Lichterkette.
Sind alle Birnen mit den natürlichen Lampenschirmchen umhüllt, kann die Lichterkette im Naturfenster voller Glanz erstrahlen. Mithilfe der Gruppenleitung schlagen die Kinder dazu zwei, drei kleine Nägel in die Nischen rechts und links zwischen Fensterrahmen und Wand, über die sich die Lichterkette als Umrahmung des Fensters schlängeln kann.
Hinweis: Je nach Abstand des Fensters zur nächsten Steckdose kommt ein Verlängerungskabel zum Einsatz.

Weihnachtliche Fenster 75

Eisfenster

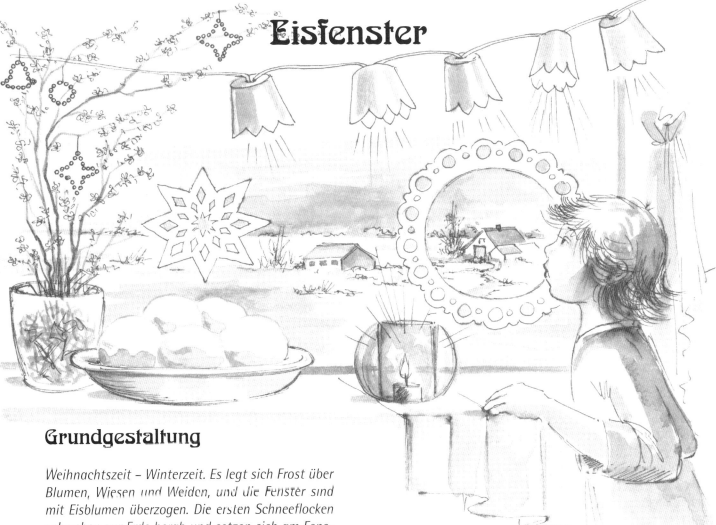

Grundgestaltung

Weihnachtszeit – Winterzeit. Es legt sich Frost über Blumen, Wiesen und Weiden, und die Fenster sind mit Eisblumen überzogen. Die ersten Schneeflocken schweben zur Erde herab und setzen sich am Fenster fest, bis alles unter einer weißen Schicht bedeckt ist.

Material: weiße Tischdecken oder Betttücher, Watte oder wattierter Stoff; evtl. Heftzwecken

Für das weihnachtliche Eisfenster legen die Kinder die Fensterbänke mit weißen Stoffen und Watte aus. So entsteht die Stimmung von winterlicher Kälte, von Schnee und Frost, von Eis und weißen Flocken.
Eventuell lässt sich mit Heftzwecken eine Ecke des Betttuchs etwas höher in den Wandnischen links oder rechts neben den Fensterrahmen befestigen.
Mit den Dekorationen aus den folgenden Angeboten schmücken die Kinder das Fenster weiter aus.
Hinweis: Dazu eignet sich auch der „Adventskranz für das Eisfenster" (s.S. 12).

Winterbilder in Szene gesetzt

Die Kinder betrachten bei diesem Angebot die winterliche Natur durch einen neuen Rahmen.

Material: weiße Tortenspitzen, Schere, transparentes Klebeband
Alter: ab 4 Jahren

Die Kinder schneiden aus den Tortenspitzen den Boden heraus, sodass nur noch der Spitzenrand stehen bleibt.
Diesen Rahmen fixieren sie mit Klebeband an verschiedenen Stellen auf der Fensterscheibe.
Schauen die Kinder durch diesen Rahmen, rücken für sie bisher unbedeutende Gegenstände in ein neues Licht, denn die Rahmen ermöglichen neue Perspektiven.

Sternkristalle

Material: Kreis- oder Quadrat-Schablonen in verschiedenen Größen, weißes Kopier- oder Tonpapier, Bleistift, gelbe Buntstifte, Schere, Bügeleisen, Zeitungen, transparentes Klebeband
Alter: ab 6 Jahren

Die Kinder umfahren ihre Schablonen auf dem Papier mit Bleistift und schneiden die Kreise und Quadrate aus.
Ein Kreis wird zu einem Halbkreis gefaltet.
Den Halbkreis teilen die Kinder mit gelbem Buntstift in drei gleich große Kuchenstücke ein.
Entlang dieser Linien falten sie den Halbkreis zu einem Kuchenstück zusammen (s. Abb.).
Die Quadrate werden zweimal zur Hälfte gefaltet, sodass ein kleineres Quadrat entsteht.
Das kleine Quadrat wird einmal diagonal gefaltet.
Auf die gefalteten Kreise oder Quadrate malen die Kinder mit gelbem Buntstift verschiedene Kristallmuster (s. Abb.).
Diese Muster schneiden sie vorsichtig aus, sodass zum Schluss nur die gelben Linien stehen bleiben.
Falten sie das Papier vorsichtig auseinander, kommen fantastische Sternkristalle zum Vorschein!
Mit einem Bügeleisen lassen sich die Sterne von den Kindern mithilfe der Gruppenleitung bei schwacher Hitze zwischen Zeitungen glatt bügeln.
Mit Klebeband platzieren die Kinder ihre Sterne auf der Fensterscheibe des weihnachtlichen Eisfensters.

Variante

Haben die Kinder schon etwas Übung mit dem Ausschneiden der Sternkristalle, können sie auf das Aufmalen der Kristalle verzichten und schneiden einfach frei Hand Muster aus. So bleiben die Sterne von beiden Seiten weiß.

Eisiger Winterstrauß

Material: hohe Glasvase, Cellophanfolie, Forsythien- oder Obstbaumzweige
Alter: ab 4 Jahren

Die Kinder stellen eine hohe Glasvase auf die Fensterbank und füllen sie bis zur Hälfte mit geknüllter Cellophanfolie.
Die andere Hälfte gießen sie mit Wasser auf, wodurch das Cellophan im Wasser wie Eis wirkt.
In dieses „Eiswasser" stecken sie die Forsythienzweige. Je näher Weihnachten rückt, desto mehr werden sich die Zweige in eine blühende Pracht verwandeln.

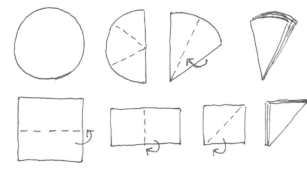

Weihnachtliche Fenster

Wachskristalle

Material: Sternkristalle aus weißem Tonkarton (s.o.), Faden, weiße Kerzenreste oder Parafin, 1 großer Topf, 1 kleiner alter Topf
Alter: ab 5 Jahren

Alle Sternkristalle erhalten einen Faden als Aufhänger.
Die Wachsreste werden in den kleinen Topf gefüllt.
Den Boden des großen Topfes bedecken die Kinder ca. 3 cm hoch mit Wasser und stellen den kleinen Topf in das Wasserbad.
Auf dem Herd verflüssigen sie mithilfe der Gruppenleitung die Kerzenreste im Wasserbad.
Das flüssige Wachs wird vom Herd genommen und die Kinder tauchen ihre Sternkristalle hinein, die sie am Aufhänger festhalten. Jeder Stern wird einmal kurz untergetaucht und am Faden wieder herausgezogen. Das Wachs tropft über dem Topf ab und erstarrt dabei am Stern.
Die Sternkristalle wirken nun wie von einer Eisschicht überzogen.
Mit den Wachskristallen dekorieren die Kinder die noch blattlosen Forsythienzweige in der Vase (s.o. „Eisiger Winterstrauß") im weihnachtlichen Eisfenster.

Perlenschmuck

Material: Basteldraht, Zange, weiße Perlen (ca. 4-6 mm), Schmuckband
Alter: ab 5 Jahren

Die Kinder zwicken mit der Zange ein ca. 40 cm langes Drahtstück ab.
Sie biegen aus dem Draht ein weihnachtliches Motiv und biegen die beiden Enden jeweils zu einer kleinen Öse.
Auf den Draht fädeln die Kinder die Perlen auf, bis die Form gefüllt ist.
Sie verschränken die beiden Ösen ineinander, sodass die Form verschlossen ist und keine Perle entwischen kann.
An einem schönen Schmuckband hängen die Kinder den kostbaren Perlenschmuck in die Forsythienzweige (s.o. „Eisiger Winterstrauß") im Eisfenster.

Sterne wie aus Zuckerguss

Material: Spachtelmasse, Plastikschüssel, Löffel, Spritztülle, Holzbrett, Nylonfaden, Heftzwecken
Alter: ab 5 Jahren

Die Kinder rühren die Spachtelmasse mithilfe der Gruppenleitung entsprechend der Verpackungsbeschreibung an und füllen sie in eine Spritztülle.
Die Kinder spritzen die Masse in Sternform auf ein Holzbrett, wo sie langsam erstarren.
Die ausgehärteten Sterne fädeln sie einzeln auf einen Nylonfaden.
Mit einer Heftzwecke lassen sich die Sterne am Fenstersturz befestigen, sodass sie wie Schneeflocken frei vor dem Fenster schweben.

Schattenwindlicht

Bei diesem Windlicht entsteht ein faszinierendes Schattenspiel!

Material: farbiger Tonkarton, Schere, bauchiger Becher aus milchigem Plastik (z.B. Waschmittelportionierkugel, Joghurtbecher) oder Glas, Motivstanzer Stern, Tacker, Teelicht, Streichhölzer
Alter: ab 5 Jahren

Aus dem Tonkarton schneiden die Kinder ein Rechteck von ca. 16 cm Breite. Die Höhe wird dem Plastikbecher oder Glas angepasst.
Mit dem Motivstanzer stanzen sie Sterne in den Tonkarton.
Die Kinder fixieren den Tonkarton mit einem Tacker zylinderförmig um das Teelicht herum (s. Abb.) und stellen ihn mit dem Teelicht in den Becher. Der Tonkarton muss nun randbündig mit dem Becher abschließen.
Zünden die Kinder ihr Licht an, können sie beobachten, wie das Licht durch den Hohlraum zwischen Zylinder und Becherwand bewegte, flackernde Sternchen an die milchige Wand projiziert.
Mit seiner milchig weißen Farbe passt das Windlicht sehr gut in das weihnachtliche Eisfenster.

Eisblumen-Lichterkette

Aus einfachen Plastikbechern werden im Handumdrehen zauberhafte Eisblumen-Lampenschirmchen.

Material: weiße Einweg-Plastikbecher, Nagel, Schere, Lichterkette, transparentes Klebeband
Alter: ab 5 Jahren

Die Kinder bohren mit einem Nagel in die Mitte des Becherbodens vorsichtig ein Loch. Es muss so groß sein, dass ein Glühbirnchen der Lichterkette in das Innere des Bechers gezogen werden kann.
Den Rand des Bechers schneiden die Kinder blütenblattähnlich ein (s. Abb.) und stecken die Birnchen der Lichterkette von außen nach innen in die Becher.
Die Lichterkette lässt sich mit transparentem Klebeband entlang des Fensterrahmens befestigen, sodass die Eisblumenlichter ins Fenster hineinragen.

Weihnachtliche Fenster

Eisige Zuckerlichter

Material: Einmach- oder Marmeladenglas, Bastelkleber, Zucker, Teelicht, Streichhölzer
Alter: ab 5 Jahren

Die Kinder malen mit dem Bastelkleber weihnachtliche Motive von außen auf das Glas.
Über den feuchten Klebstoff streuen sie Zucker, sodass der Zucker auf den Motiven haftet und das Glas wie mit Eisblumen verziert erscheinen lässt.
Mit einem Teelicht darin beleuchtet das Zuckerlicht das weihnachtliche Eisfenster.

Zimtsterne

Zutaten: 4 Eiweiße, 250 g Zucker, 2-3 TL Zimt, 300 g gemahlene Mandeln, etwas Puderzucker
Material: Nudelholz, Sternausstechförmchen, Backpinsel, weiße Schale
Alter: ab 5 Jahren

Die Kinder schlagen 4 Eiweiße zu Schnee und rühren den Zucker unter.
Eine Tasse der Eischneemasse schöpfen die Kinder ab für die spätere Glasur.
Sie mischen den Zimt und die gemahlenen Mandeln unter die Eischneemasse und kneten daraus einen Teig, der 1 Std. im Kühlschrank ruhen muss.
Sie bestreuen die Arbeitsfläche mit dem Puderzucker und rollen den gekühlten Teig darauf 0,5 cm dick aus.
Aus der Teigfläche stechen die Kinder die Sterne aus, legen sie auf ein gefettetes und bemehltes Backblech und lassen sie noch einmal 1 Std. ruhen.
Sie bestreichen die Plätzchen gleichmäßig mit der Eischneeglasur und backen die Sterne im vorgeheizten Backofen 20-30 Min. bei 150 °C auf der mittleren Schiene.
Die fertigen Zimtplätzchen werden vom Blech genommen und nach dem Auskühlen in einer weißen Schale dekoriert. Im Eisfenster wirken die Zimtsterne wie mit Schnee bestäubt und bieten Leckermäulern etwas zum Naschen!

Zuckerwürfel-Turm

Mit Zuckerwürfeln lassen sich winterliche Lichtertürme bauen.

Material: 4 Eiweiße, Puderzucker, Schneebesen oder Rührgerät, Würfelzucker, Teller, Backpinsel, Teelicht, Streichhölzer
Alter: ab 4 Jahren

Die Kinder schlagen die Eiweiße mit dem Puderzucker zu Eischnee.
Den Würfelzucker benutzen sie wie Bauklötze: Auf einem Teller legen sie Stein auf Stein versetzt übereinander mit kleinen Spalten dazwischen, sodass ein Zuckerwürfelturm entsteht. Damit die Steine aufeinander halten, bestreichen sie die Zuckerwürfel mithilfe des Pinsels mit der Eischnee-Masse und kleben sie so aufeinander.
In den fertigen Turm stellen sie ein Teelicht, das seine Strahlen durch die Spalten des Turmes wirft und das weihnachtliche Eisfenster beleuchtet.

Raureif-Weihnachtsapfel

Zutaten: 1 Apfel, 1 Schaschlikspieß, 30 g Gelierzucker, etwas Puderzucker
Material: Sieb, weiße oder silberne große Schale
Alter: ab 5 Jahren

Die Kinder stecken die Äpfel auf Schaschlikspieße.
Mithilfe der Gruppenleitung erhitzen sie den Gelierzucker mit 1 EL Wasser in einem Topf. Dabei entsteht ein süßlicher Weihnachtsduft.
Hat sich der Zucker im Wasser aufgelöst, wälzen die Kinder den Apfel in der Zuckermasse.
Ist der Zucker am Apfel getrocknet, wird er zusätzlich durch ein Sieb mit Puderzucker bestäubt, sodass der Apfel wie mit Raureif überzogen wirkt.
Die Kinder legen die Äpfel in eine weiße oder silberne Schale und stellen sie als verlockende Nasch-Dekoration ins winterliche Eisfenster.

Farbenfrohes Fenster

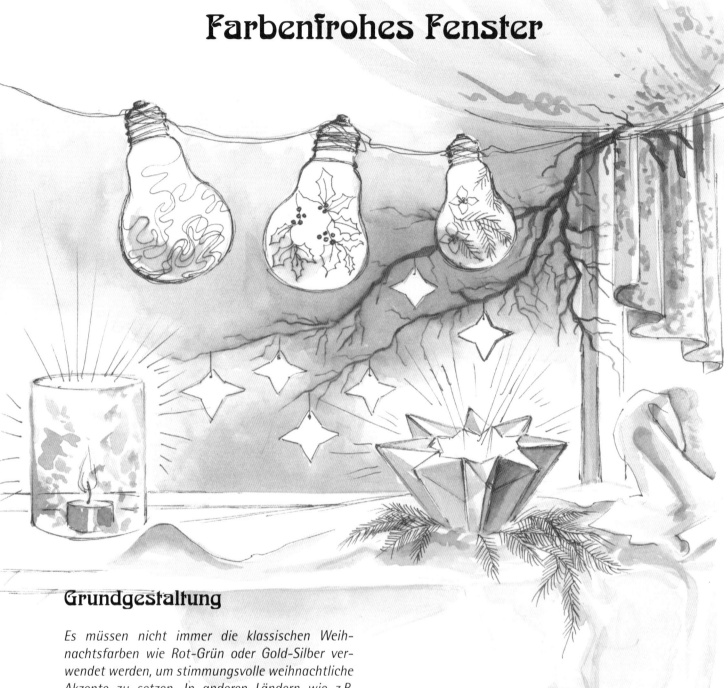

Grundgestaltung

Es müssen nicht immer die klassischen Weihnachtsfarben wie Rot-Grün oder Gold-Silber verwendet werden, um stimmungsvolle weihnachtliche Akzente zu setzen. In anderen Ländern wie z.B. Mexiko ist es durchaus üblich, Weihnachten als farbenfrohes, strahlendes Freudenfest zu feiern. In diesem Sinne experimentieren wir bei diesem Weihnachtsfenster mit bunten Farben!

Material: einfarbige Tücher oder Stoffe in verschiedenen Farben, Haselnusszweig, Nylonfaden, Reißzwecken

Die Kinder legen die Fensterbank mit bunten Tüchern und Stoffen aus.
Im Fenster befestigen sie mit Nylonfaden und Reißzwecken den Haselnusszweig, sodass er dekorativ vor der Fensterscheibe schwebt.
Nach und nach ergänzen die Kinder das farbenfrohe Fenster mit den folgenden Angeboten.

Weihnachtliche Fenster

Transparentsterne

Mit transparenten Sternen lassen sich sehr schnell bunte Effekte an die Fensterscheibe zaubern.

Material: Kreis- oder Quadrat-Schablonen in verschiedenen Größen, schwarzes Tonpapier, weißer Tafelstift, Schere, Bügeleisen, Zeitungen, buntes Transparentpapier, Klebstoff, transparentes Klebeband
Alter: ab 5 Jahren

Die Transparentsterne werden wie die „Sternkristalle" (s.S. 76) hergestellt. Statt des weißen Schreibmaschinenpapiers verwenden die Kinder dabei schwarzes Tonpapier und einen weißen Tafelstift, um die Kreisumrisse auf das Papier zu bringen.
Die gebügelten schwarzen Sternkristalle werden auf buntes Transparentpapier geklebt.
Das überstehende Transparentpapier schneiden die Kinder vorsichtig ab.
Sie kleben die Sterne mit transparentem Klebeband als bunte Lichtfänger ins Weihnachtsfenster.

Bunte Pappmaché-Kugeln

Material: weihnachtlich-buntes, unbeschichtetes Geschenkpapier, Kleister, 1 Styroporkugel, Glasschale
Alter: ab 4 Jahren

Die Kinder zerreißen das weihnachtliche Geschenkpapier in viele kleine Schnipsel.
Mithilfe der Gruppenleitung rühren sie den Kleister nach der Verpackungsbeschreibung an.
Sie tauchen die Schnipsel kurz in den Kleister und legen sie dachziegelartig übereinander auf die Kugel.
Sie streichen die Schnipsel glatt und lassen die Kugel trocknen.
In einer Glasschale im farbenfrohen Weihnachtsfenster sehen die Kugeln wunderschön aus.

Filigrane Faltsterne

Material: Transparentpapier, Stift, Schere, transparentes Klebeband
Alter: ab 5 Jahren

Die Kinder schneiden aus dem Papier einen Kreis.
Sie falten den Kreis dreimal mittig zusammen (s. Abb.).
Von der Mitte der Rundung ausgehend schneiden sie beide Seiten schräg ab, sodass eine Raute entsteht (s. Abb.).
Von der geschlossenen Seite aus schneiden die Kinder das Papier mehrmals parallel zu der gegenüberliegenden Seite ein. Sie achten darauf, das Papier nicht zu tief einzuschneiden, um den Stern nicht zu zerstören. Je nach Durchmesser des Kreises können vier, sechs oder acht Schnitte gemacht werden, es sollte aber in jedem Fall eine gerade Anzahl sein.
Falten die Kinder die zugeschnittene Form auf, ist ein filigraner Stern entstanden.
Jedes zweite Zackensegment knicken sie zur Hälfte nach außen um, sodass der Stern dreidimensional wird.
Die Sterne werden mit dem Klebeband an der Fensterscheibe fixiert.

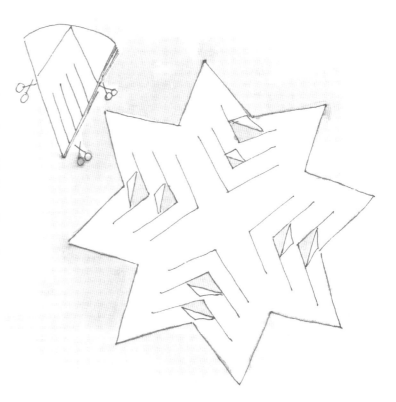

Glühbirnen-Kugeln

Aus kaputten Glühbirnen, die das Jahr über gesammelt werden, entstehen in der Weihnachtszeit wunderschöne Glaskugeln.

Material: Glühbirnen, Glühlampenlack, Q-Tipps, Schmuckkordel, Heftzwecken
Alter: ab 5 Jahren

Die Kinder bemalen die Glühbirnen mit Glühlampenlack. Dazu halten sie die Birne am Gewinde fest und tauchen mit der anderen Hand das Q-Tipp-Stäbchen in den Lack, um damit die Birne zu bemalen. Die Farbe hat fließenden Charakter und trocknet rasch.
Damit die Kugeln aufgehängt werden können, wird um die Fassung eine Schmuckkordel gewunden.
Hängen die Kugeln mit Heftzwecken am Fenstersturz befestigt im lichtdurchfluteten Fenster, schimmern sie glasfensterartig in den verschiedensten Farben.
Hinweis: Solange die Kinder mit dem Lack arbeiten, sollte der Raum gut belüftet werden.

Plätzchen-Kerzen

Material: Kerzenreste ohne Docht nach Farben sortiert, Backpapier, weihnachtliche Plätzchenförmchen, dünne Stricknadel, Docht;
evtl. Bienenwachsplatten in verschiedenen Farben, Föhn
Alter: ab 5 Jahren

Alle Kerzenreste einer Farbe bringen die Kinder mithilfe der Gruppenleitung im Wasserbad zum Schmelzen.
Das flüssige Wachs gießen sie auf ein mit Backpapier ausgelegtes Backblech, wo es langsam abkühlt. Ist das Wachs erstarrt, aber noch weich, stechen die Kinder mit Plätzchenformen weihnachtliche Motive aus den Wachsplatten.
Sie durchbohren die Plätzchen-Kerzen in der Mitte mit einer dünnen Stricknadel und fädeln sie auf den Docht auf.
Dieser Vorgang wird mit Kerzenresten in anderen Farben wiederholt.

Die Kinder stapeln nach und nach alle Wachsmotive auf dem Docht übereinander. Dabei entstehen wunderschöne bunte Plätzchen-Kerzen, die ihren Platz in der farbenfrohen Weihnachts-Fensternische finden.

Variante

Statt dem Gießen der Wachsplatten werden gekaufte Bienenwachsplatten mit einem Föhn angewärmt.

Transparente Windlichter

Buntflackernde Windlichter lassen die Fensterbank weihnachtlich leuchten.

Material: Tapetenkleister, buntes Transparent- oder Seidenpapier, Joghurt- oder Marmeladengläser, Schere, Naturbast, Teelicht, Streichhölzer; evtl. weihnachtliche Motivstanzer
Alter: ab 4 Jahren

Die Kinder rühren mithilfe der Gruppenleitung den Kleister entsprechend der Verpackungsbeschreibung dickflüssig an.
Sie zerreißen Transparentpapier einer Farbe in 2 cm große Schnipsel, tauchen diese in den Kleister und drücken sie auf dem Glas fest. Dabei sollen sich die Schnipsel dachziegelartig überschneiden.
Aus andersfarbigem Transparentpapier reißen, stanzen oder schneiden die Kinder weihnachtliche Motive aus und kleben diese auf die fertige Transparentschicht.
Unterhalb des Schraubgewindes wickeln sie etwas Naturbast um das Glas herum und binden es zu einer dekorativen Schleife.
Die Kinder sind sicher gespannt, wie ihr Glas mit einem Teelicht im Fenster farbenfroh leuchtet.

Bunte Folienlichter

Bunte Folienlichter sind Unikate: Jedes Licht wird anders aussehen, denn die Verteilung der Farbe ist reiner Zufall!

Material: Frischhaltefolie, Overheadfolie (DIN A4), Glühlampenlack in Rot und Gelb, Q-Tipp, Nagellackentferner, Pergamentpapier (DIN A4), Tacker, Senfglas, Teelicht, Streichhölzer
Alter: ab 6 Jahren

Die Kinder formen aus der Frischhaltefolie einen kleinen Folienknäuel als Pinsel.
Auf die Overheadfolie geben sie ein paar Tropfen Glühlampenlack in beiden Farben und verteilen diese mit dem Folienknäuel über die gesamte Fläche. Da die Farbe sehr schnell trocknet, müssen die Kinder rasch arbeiten.
Sie tauchen einen Q-Tipp in Nagellackentferner und malen damit wie mit einem Tintenkiller weihnachtliche Motive in die Farbe.
Ist die Folie fertig gestaltet, legen die Kinder einen Bogen Pergamentpapier darauf.
Am oberen und unteren Rand tackern die Kinder die beiden Bögen aufeinander.
Sie rollen die Folie mit dem Pergamentpapier zu einer runden Laterne, sodass das Pergamentpapier im Inneren der Laterne ist.
Die sich überschneidenden Folien- und Pergamentflächen fixieren die Kinder seitlich ebenfalls mit dem Tacker.
Sie stülpen den farbenfrohen Zylinder über das Senfglas, in dem sich ein Teelicht befindet, und zünden die Kerze an.
Auch dieses Licht verdient einen schönen Platz im farbenfrohen Weihnachtsfenster.
Hinweis: Beim Arbeiten mit dem Lack sollte der Raum gut belüftet sein.

Filmdosen-Lichterkette

Lichterketten müssen sich in der Weihnachtszeit nicht nur um den Weihnachtsbaum winden, sondern sind auch im Fenster stimmungsvolle Blickfänge.

Material: leere Filmdosen in transparentem Weiß (pro Lichterketten-Birnchen 1 Dose), Glühlampenlack in verschiedenen Farben, Q-Tipps, Nagel, Lichterkette; evtl. Overheadfolie, Schere, Tacker
Alter: ab 6 Jahren

Die Kinder malen mit Glühlampenlack das Innere der Filmdöschen bunt an. Dazu tragen sie die schnell trocknende Farbe mithilfe der Q-Tipps vorsichtig auf.
Ist die Farbe getrocknet, bohren sie mit einem Nagel vorsichtig ein genügend großes Loch in die Mitte des Bodens, durch das ein Birnchen der Lichterkette passt.
Jede Birne erhält nun einen bunten Filmdosen-Lampenschirm.
Die Kinder drapieren die fertige Lichterkette über dem Haselnusszweig auf der Fensterbank.

Hinweise:
★ Während der Arbeit mit dem Lack sorgt die Gruppenleitung für eine gute Raumbelüftung.
★ Die Plastikdosen halten der Hitze der Glühbirnen problemlos stand: Die Birnchen haben nur 0,6 Watt.

Variante

Das Arbeiten mit Glühlampenlack ist auch auf Overheadfolie möglich (s.o. „Bunte Folienlichter"). Die Kinder bemalen die Folie und schneiden daraus kleine Lampenschirmchen (s.S. 56).

Kerzenwachs-Sternenlicht

Bei dem Sternenlicht handelt es sich um ein acht-zackiges Faltlicht, in das ein Teelicht gestellt wird. Mit selbst hergestelltem Wachspapier erhält das Licht einen tollen Farbenzauber.

Material: Wachsreste, 1 alte Metalldose, 1 Topf, DIN-A2-Papier, alte Pinsel, Deckmalfarbe in Gelb, Rot und Blau, Malpinsel, Zeitungen, Bügeleisen, Schere, 1 Teelicht, Streichhölzer; evtl. Haushalts-kerze, Streichhölzer, Kerzenstummel
Alter: ab 6 Jahren

Die Wachsreste werden in der Dose im Wasserbad verflüssigt und in der Mitte des Tisches bereitgestellt.
Alle Kinder erhalten einen Bogen Papier und einen alten Pinsel, den sie in das heiße Wachs tauchen und damit über das Papier kritzeln.
Über das getrocknete Wachs malen sie mit gelber Deckmalfarbe, wobei auf den gewachsten Stellen die Farbe abperlt.
Ist die Farbe getrocknet, tragen die Kinder eine zweite Wachsschicht auf. Es folgt eine rote Farb-schicht, eine weitere Wachsschicht und eine letzte blaue Farbschicht.
Der getrocknete Bogen Papier wird zwischen zwei Zeitungsseiten gelegt und mithilfe der Gruppenlei-tung auf der Stufe „Baumwolle" gebügelt. Dabei verflüssigt sich das Wachs und zieht in die Zeitung ein.
Die Kinder werden überrascht sein, wie farbenfroh und brillant ihr Papier wirkt, wenn sie es gegen das Licht halten.

1. Die Kinder schneiden aus dem Wachspapier ein Quadrat mit 35 cm Seitenlänge.
2. Sie falten das Blatt diagonal, klappen es aus-einander, falten die andere Diagonale und klap-pen sie ebenfalls wieder auseinander, sodass ein diagonales Kreuz entsteht.
3. Sie drehen das Papier um. Sie falten es einmal zur Hälfte, wieder auseinander und noch einmal zur anderen Hälfte und wieder auseinander, sodass ein Mittelkreuz entsteht.

4. Alle vier Ecken werden nach oben in der Mitte zusammengefasst, was sich durch die Faltung wie von selbst ergibt, und zu einem flachen Quadrat auf dem Tisch zusammengedrückt (s. Abb.). Das Quadrat zeigt mit seiner offenen Ecke zu den Kindern und mit der geschlossenen Ecke von ihnen weg.
5. Die Seitenteile der oberen Lage falten die Kinder an der Mittellinie entlang, sodass eine Drachen-form entsteht. Dabei ist die stumpfe Spitze an der offenen Seite des Quadrates – der Drachen steht auf dem Kopf (s. Abb.)!
Sie drehen das Papier um und wiederholen den Vorgang auf der Rückseite.
6. Die stumpfe Spitze schneiden die Kinder ab.
7. Die Seitenteile werden vorne und hinten zu-rückgeklappt.
8. Die Kinder drücken die Seiten entgegen den Faltlinien ein, sodass ziehharmonikaförmige Dreiecke entstehen (s. Abb.).
9. Die rechts und links je vier übereinander liegenden Ecken falten sie zur Mittellinie. Um an alle Ecken heranzukommen, müssen die Kinder blättern.
10. Sie falten alle acht Ecken wieder zurück und öffnen das Gebilde leicht nach außen (s. Abb.).
11. Die Kinder klappen alle acht Seiten an den in Schritt 9 gemachten Faltlinien nach innen.
12. Sie klappen die Form wieder vorsichtig zusam-men zu einer Drachenform.
13. Die stumpfen Spitzen werden nacheinander nach außen gefaltet. Dazu blättern die Kinder die Form von links nach rechts weiter, um zwi-schen jede Falte eine Spitze knicken zu können (s. Abb.).
14. Die untere Spitze wird einmal nach oben und wieder zurückgeknickt als Faltlinie für den Boden.
15. Jetzt dürfen die Kinder die Faltung öffnen. Dazu greifen sie vorsichtig in die Öffnung hinein, um sie auseinander zu drücken.
16. Entlang der Faltlinien formen die Kinder mit den Fingern den Boden oder drücken ihn mit einem Teelicht flach nach unten.

Sie stellen ein Teelicht in das fertige Faltlicht und lassen sich von seinem zauberhaften weihnachtli-chen Licht begeistern: Ein schöner Farbklecks im farbenfrohen Fenster!

Weihnachtliche Fenster

Hinweis: Das Wachspapier eignet sich auch hervorragend zur Herstellung von Lichterketten-Lampenschirmchen (s.S. 56) und Laternen (s.S. 99)!

Kerzenwachspapier-Varianten

★ Statt des flüssigen Wachses lassen die Kinder von einer brennenden Haushaltskerze Wachstropfen auf das Papier tropfen.
★ Die Kinder fahren mit einem Kerzenstummel kräftig über das Papier. Die Linien werden erst sichtbar, wenn die nächste Farbschicht aufgetragen wird.
★ Die verschiedenen Techniken lassen sich auch variieren, sodass ein interessantes Lichtspiel entsteht.

Weihnachtliche Tische

Jedes Fest verlangt auch nach einer besonderen Tischdekoration. Jenseits des langweiligen Tischdeckens haben Kinder vor allem Spaß daran, wenn sie kleine oder größere Schmuckobjekte für die festliche Tafel gestalten können und gemeinsam den Tisch dekorieren.
Erste Vorschläge finden sich dazu bereits im Kapitel „Nikolausecke" (s.S. 41ff.). Hier folgen zwei weitere thematische Ideen für eine gemütliche adventliche Kakaorunde, die Tischdekoration für den Heiligabend oder ein besonderes Abschlussfrühstück vor den Weihnachtsferien.

Fruchtiger Weihnachtstisch

Grundgestaltung

Orangen und Mandarinen sind typische Weihnachtsfrüchte, aus denen sich viele Ideen zaubern lassen, die einen einfach eingedeckten Tisch zu einer weihnachtlich duftenden Tafel werden lassen.

Material: Tische, Stühle, tiefrot (gefärbte) Leintücher oder Papiertischdecken, Geschirr, Besteck, kleine Tannenzweige

Die Kinder stellen gemeinsam mit der Gruppenleitung Tische zu kleinen Gruppen zusammen und die Stühle darum herum.
Über jeden Tisch breiten sie ein rotes Leintuch oder eine Papiertischdecke, decken den Tisch mit Geschirr und Besteck ein und verteilen dazwischen kleine Tannenzweige.
Jetzt gilt es, für die einzelnen Tischgruppen die Dekorationen anzufertigen.
Hinweis: Dazu eignet sich auch der „Adventskranz für den fruchtigen Weihnachtstisch" (s.S. 12)!

Orangenlichter

Orangenlichter sind süß duftende Lichter in einer Orangenschale!

Material (für 2 Lichter): 1 große Apfelsine, Messer, Metalllöffel, 1 Bienenwachsplatte, kleiner Stern-Plätzchenausstecher (ca. 1 cm Ø), Docht, Schere, 2 weiße Untertassen
Alter: ab 4 Jahren

Die Kinder halbieren eine große Apfelsine.
Die beiden Hälften höhlen sie mit einem Löffel aus und lassen sich das Fruchtfleisch schmecken – guten Appetit!
Sie erwärmen die Bienenwachsplatte auf einem Heizkörper, um sie geschmeidig zu machen.
Mit dem Sternförmchen stechen sie viele kleine Honigsterne aus der weichen Bienenwachsplatte aus.
Mit diesem Wachssternenkonfetti füllen die Kinder die ausgehöhlten Apfelsinenschalen bis zum Rand.

In der Mitte fixieren sie ein Stück Docht zwischen den Sternchen.
Die fertigen Orangenlichter stellen die Kinder auf einen kleinen weißen Teller und verteilen sie auf den Tischgruppen.
Auf der Weihnachtsfeier durchströmt beim Brennen der Lichter ein süßer Honigduft den Raum, während die Sternchen nach und nach schmelzen.

Variante
Die ausgehöhlten Orangen lassen sich auch mit flüssigem Wachs füllen.

Orangenkerze

Material: 1 schmale Tetrapacktüte, 1 Stumpenkerze (die Kerze muss mit etwas Abstand vom Rand in die Gießform gestellt werden können), getrocknete Orangenscheiben, 1 großer Topf, 1 alter kleiner Topf, Wachsgranulat (oder weiße Kerzenreste ohne Docht), alte Schöpfkelle
Alter: ab 5 Jahren

Die Kinder stellen die Stumpenkerze in die Mitte der Gießform.
In den Hohlraum zwischen Kerze und Wand der Gießform füllen sie die getrockneten Orangenscheiben.
Mithilfe der Gruppenleitung erhitzen sie das Wachsgranulat im Wasserbad auf dem Herd.
Ist das Wachs geschmolzen, wird es vorsichtig mit der Schöpfkelle in die Gießform gefüllt. Dabei läuft das flüssige Wachs zwischen die Früchte und schließt diese ein. Der Docht muss weiterhin oben herausgucken.
Ist das Wachs erkaltet, nehmen die Kinder die Orangenkerze aus der Gießform heraus. Die Orangen sind nun von außen sichtbar und machen aus der einfachen Stumpenkerze eine stimmungsvolle, fruchtige Tischdekoration.

Vergoldete Früchte

Eine kostbar wirkende Dekoration für Tisch und Obstschale stellt vergoldetes Obst da. Blattgold in geringen Mengen ist gar nicht so teuer, und die Kinder können gut damit arbeiten.

Material: Blattgold, Mandarinen, Apfelsinen, Pinzette, Obstschale; evtl. rotbackige Äpfel
Alter: ab 6 Jahren

Die Gruppenleitung schneidet das Blattgold vorsichtig in kleine Stücke. Achtung: Jedes hörbare Ausatmen oder Pusten lässt das hauchdünne, leichte Blattgold schnell durch die Luft wirbeln!
Die Kinder legen die Blattgold-Stücke behutsam mit einer Pinzette auf einige Stellen der Früchte und drücken sie sanft auf der Oberfläche an – schon erstrahlt die Frucht in kostbarem Glanz!
Die kostbaren Orangen und Mandarinen dekorieren die Kinder zwischen normalem Obst in einer Obstschale. Jede Tischgruppe erhält eine solche kleine Obstschale.

Variante

Bastelläden bieten essbares Blattgold an. Wenn die Kinder auch Äpfel verzieren wollen, verwenden sie dafür essbares Blattgold.

Mandarinensternchen

nett, wellen sich aber

Aus Mandarinenschalen fertigen die Kinder Streusternchen, die als Tischschmuck dienen.

Material: Mandarinenschalen, kleine Stern-Plätzchenausstecher (ca. 1 cm Ø), Teller
Alter: ab 4 Jahren

Die Kinder stechen aus Mandarinenschalen kleine Sternchen aus und trocknen diese auf einem Teller bei normaler Zimmertemperatur in der Nähe der Heizung.
Viele kleine orangefarbene Sternchen über den Tisch gestreut stellen einen wunderschönen natürlichen Tischschmuck dar!

Fruchtige Serviettenringe

Material: Blumenbindedraht, Drahtzange, Mandarinen oder Apfelsinen
Alter: ab 4 Jahren

Die Kinder schneiden ca. 15 cm lange Drahtstücke. Sie schälen einige Mandarinen oder Apfelsinen und lassen sich die Früchte schmecken.
Die Schalen zerreißen die Kinder in viele kleine Schnipsel und fädeln sie auf den Draht.
Ist dieser dicht mit Schalen bespickt, biegen die Kinder ihn zu einem Kreis zusammen. Anfang und Ende des Drahts werden mit der Zange zu kleinen Ösen gebogen und ineinander verhakt.
Der orangefarbene Schalenkringel ist fertig und wird bei der Tischdeko als fruchtiger Serviettenring eingesetzt.

Orangenrose

Orangen lassen sich beim Schälen zu wunderschönen Orangenblüten öffnen.

Material: Orange, Küchenmesser, Glasschälchen
Alter: ab 4 Jahren

Damit die Kinder die Orangen besser schälen können, schneidet die Gruppenleitung die Orangenschale in acht senkrecht verlaufende Felder bis kurz vor dem Boden ein.
Langsam und vorsichtig lösen die Kinder die Schalenfelder von der Orange, sodass sie wie Blütenblätter nach außen abstehen.
Auch die einzelnen Orangenstücke falten die Kinder wie Blütenblätter auseinander, ohne sie ganz von der Schale zu trennen.
In ein Glasschälchen gelegt ist die Orangenrose ein schöner Blickfang auf jedem Tisch – und ein leckerer Nachtisch!

Weihnachtliche Tische

Orangenmakronen

Zutaten: 3 unbehandelte Orangen, 2 Eiweiß, 1 Prise Salz, 125 g Zucker, 100 g Mandelsplitter, 100 g Orangeat, 100 g Zitronat, runde Backoblaten
Alter: ab 4 Jahren

Die Kinder waschen die Orangen und reiben ihre Schale mit einer Reibe ab.
Sie schlagen das Eiweiß mit dem Salz zu Schnee.
Den Zucker lassen sie unter ständigem Rühren einrieseln.
Sie heben nach und nach die geriebenen Orangenschalen, die Mandelsplitter, das Orangeat und das Zitronat unter.
Die Kinder setzen die Backoblaten auf ein Backblech und geben auf jede Oblate 2 TL der Teigmasse.
Die Orangenmakronen werden in einem auf 130 °C vorgeheizten Backofen ca. 2 Std. auf mittlerer Schiene gebacken.
Die fertigen Orangenmakronen sind ein leckerer Willkommensgruß auf jedem Teller des fruchtigen Weihnachtstischs!

Orangenkuchen

(handschriftliche Notiz: gut mit Zuckerguss + etw. gehackt)

Zutaten: 500 g Mehl, 1/8 l Milch, 250 g Zucker, 250 g Margarine, 4 Eier, 1 Pck. Vanillezucker, 1 Pck. Backpulver, 4 unbehandelte Orangen
Alter: ab 5 Jahren

Die Kinder geben Mehl, Milch, Zucker, Margarine, Eier, Vanillezucker und Backpulver in eine Schüssel und rühren daraus einen Teig.
Sie waschen die Orangen, reiben die Schale auf einer Reibe ab und heben die Schalenstückchen unter den Teig.
Den fertigen Teig füllen sie in eine gefettete Backform und backen den Kuchen bei 220 °C auf der mittleren Schiene ca. 50 Min. ab.
Guten Appetit bei der Weihnachtsfeier!

Varianten

Weitere Dekorationen für den „Fruchtigen Weihnachtstisch":
★ Orangenpotpourri (s.S. 36)
★ Orangen dekorieren (s.S. 39)

Festtagstisch

Grundgestaltung

Material: Tische, Stühle, Geschirr, Besteck

Die Kinder stellen die Tische gemeinsam mit der Gruppenleitung zu einer großen Festtafel zusammen und darum herum die Stühle. Sollen dabei die Tische in einem Kreis, einem Viereck, als lang gestreckte Tafel oder als Hufeisen aufgestellt werden? Wie wäre es mit einer Festtagstafel rund um den Weihnachtsbaum?

Die Kinder stellen Geschirr und Besteck bereit, um den Tisch gleich eindecken zu können, wenn die „Festliche Papiertischdecke" (s.u.) gestaltet ist!

Die Vorbereitungen sind getroffen – nun gilt es, mit den folgenden Angeboten die festliche Tischdekoration anzufertigen.

Hinweis: Dazu eignet sich auch der „Adventskranz für den Festtagstisch" (s.S. 12)!

Festliche Papiertischdecke

Material: weiße Papiertischdecken, „Sternkristalle" (s.S. 76) in verschiedenen Größen, Goldspray; evtl. Kakao oder Puderzucker, Sieb
Alter: ab 5 Jahren

Die Kinder legen die Papiertischdecken auf den Boden und verteilen darauf ihre Sternkristalle.

Mit dem Goldspray sprühen sie über die Sterne, ohne dabei die ganze Decke einzusprühen. Sie achten darauf, dass die Sterne nicht verrutschen.

Ist die Farbe getrocknet, heben die Kinder die Sterne von der besprühten Tischdecke ab und entdecken, wie sich die Stern-Umrisse abgebildet haben.

Die Stern-Tischdecken lassen den Festtagstisch wunderschön golden schimmern!

Weihnachtliche Tische | 91

Varianten

★ Mit den Sternkristallen lässt sich auch das Geschirr verzieren: Die Kinder legen auf jeden Essteller einen Sternkristall und bestäuben die Sterne je nach Tellerfarbe mit Kakao oder Puderzucker. So entsteht eine wunderschöne Tischdekoration zur Weihnachtsfeier: Heben sie die Sterne vorsichtig von den Tellern herunter, erscheinen die Sternenmuster darauf.

★ Auch auf einer glatten Kuchenoberfläche können die Kinder den Stern auf diese Art dekorativ einsetzen. Zum Bestäuben bietet sich z.B. der „Gewürzfrüchtekuchen" an (s.S. 40).

Vierzackiger Stern

Sel schön!

Material: Goldfolie, Schere
Alter: ab 5 Jahren

Die Kinder schneiden aus der Goldfolie ein Quadrat aus mit ca. 15 cm Seitenlänge.
Sie falten das Quadrat sowohl senkrecht als auch waagerecht von Kante zu Kante und falten es wieder auf, sodass ein Faltkreuz entsteht.
Sie falten das Quadrat zweimal diagonal Ecke auf Ecke und falten es wieder auf.
Die waagerechten und senkrechten Falten schneiden die Kinder bis fast zur Mitte ein, sodass vier miteinander verbundene kleine Quadrate entstehen. Von den vier Ecken des großen Quadrats ausgehend falten die Kinder die beiden jeweils angrenzenden Seiten zum diagonalen Falz der kleinen Quadrate hin, wodurch aus jedem kleinen Quadrat eine Drachenform entsteht (s. Abb.).
Ist jedes der vier kleinen Quadrate zu einem Drachen geformt, drehen die Kinder das Gebilde um: Es ist ein Stern mit vier Zacken entstanden!
Die Sterne eignen sich sehr gut als Untersetzer Stellt man ein Glas oder eine Tasse in die Mitte, biegen sich die vier Zacken dekorativ nach oben!

Variante

Mehrere Sterne in unterschiedlichen Größen lassen sich über den ganzen Tisch verteilt als Blickfang einsetzen.

Festliche Pappmaché-Kugeln

Aus einfachen Materialien lassen sich glanzvolle Kugeln für die festliche Tafel gestalten.

Material: einfaches Packpapier oder Zeitungen, Kleister, Styroporkugeln in verschiedenen Größen, Temperafarbe, Pinsel, Goldfarbe, Schwämmchen; evtl. Alufolie
Alter: ab 4 Jahren

Die Kinder zerreißen das Papier in viele kleine Schnipsel.
Mithilfe der Gruppenleitung rühren sie den Kleister nach der Verpackungsbeschreibung an.
Sie tauchen die Schnipsel in den Kleister und legen sie dachziegelartig übereinander auf die Kugeln auf. Dabei dürfen gerne Faltungen entstehen, die für eine interessante Oberflächenstruktur sorgen.
Ist die Kugel vollständig mit Papier beklebt, muss sie trocknen.
Danach bemalen die Kinder sie mit Temperafarbe.
Auf die getrocknete Farbe tupfen sie mit einem Schwämmchen Goldfarbe, sodass die Kugel einen festlich kostbaren Farbeffekt erhält.
Die Kinder dekorieren die fertigen Kugeln in kleinen Gruppen in der Tischmitte oder legen eine lange Schlange damit.

Variante

Die Kinder wickeln jede Kugel in ein großes Stück Alufolie und drücken die Folie fest an die Kugel, sodass sie viele kleine Faltungen erhält, in denen sich das Licht der Glitterkerzen (s.u.) spiegeln kann.

Fächersterne

Fächersterne, die von der Decke herunterhängen, werden zu einem glitzernden Blickfang, der sich beim leisesten Lüftchen im Wind dreht.

Material: Goldfolie, Schere, Nadel, Faden, Klebstoff, Geschenkband, Reißzwecken
Alter: ab 5 Jahren

Die Kinder schneiden aus der Goldfolie einen Streifen von 15 cm Breite und 200 cm Länge.
Sie falten den Papierstreifen zu einer Ziehharmonika zusammen. Die Fächerung des Papiersterns richtet sich nach der Länge des Papierstreifens. Die Faltungen sind ungefähr 1,5 cm breit.
Mit einer Schere schneiden sie große und kleine Zacken auf einer der beiden Längsseiten des Ziehharmonikastreifens ein. Da die Ziehharmonika recht dick ist, schneiden die Kinder immer nur ein paar Faltungen ein und danach die darüber liegenden.
Sie stechen an einem kurzen Ende der Mundharmonika mit einer Nadel ein Loch, fädeln die Faltungen auf einen Faden auf und verknoten den Faden.
Fächern die Kinder die Ziehharmonika auseinander, entsteht ein toller Stern. Sie fixieren beide Fächerenden mit Klebstoff aneinander.
Mit Geschenkband und Reißzwecken lassen sich die Sterne an der Decke über dem Tisch aufhängen.
Viele Faltsterne in unterschiedlichen Größen frei schwebend aufgehängt sorgen für einen strahlenden Effekt.

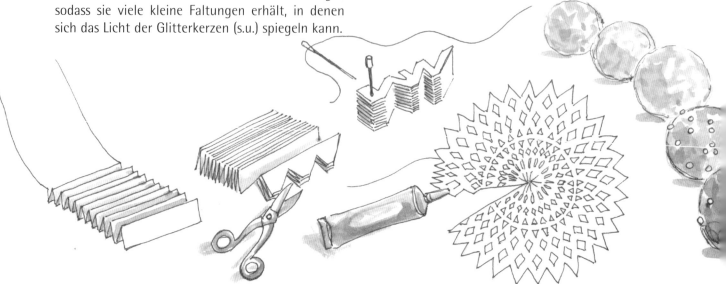

Weihnachtliche Tische

Glitterkerzen

Material: 2 Schaschlikspieße, 2 Gummis, Docht, Konservenbüchsen (ohne scharfe Schnittkante!), Wachsgranulat (oder weiße Kerzenreste ohne Docht), 1 kleiner alter Topf, 1 großer Topf, Soßenkelle, goldener und silberner Glitter (alternativ Streusternchen oder Perlen)
Alter: ab 6 Jahren

Die Kinder legen die Schaschlikspieße dicht nebeneinander und umwickeln beide Enden mit zwei kleinen Gummis, sodass eine Art Klammer entsteht.
Dazwischen klemmen sie den Docht und legen diese Konstruktion über die Konservenbüchse, sodass der Docht bis auf den Boden der Büchse reicht.
Das Wachsgranulat füllen sie in einen kleinen alten Topf und erhitzen es mithilfe der Gruppenleitung auf dem Herd im Wasserbad.
Das flüssige Wachs wird vorsichtig mit einer Soßenkelle in die Gießform geschöpft, bis die Büchse fast gefüllt ist.
Zuletzt streuen die Kinder Glitter, kleine goldene Streusternchen oder Perlen auf die obere noch flüssige Wachsschicht. Diese Zutaten sorgen für festlichen Glanz.
Ist das Wachs gehärtet und sind die Büchsen abgekühlt, verteilen die Kinder die festlichen Kerzen in den glänzenden Dosen auf dem Tisch.

Glitter-Festtagsplätzchen

Zutaten: 500 g Mehl, 125 g Margarine, 250 g Zucker, 3 Eier, 1 Zitronenaroma, 1 Msp. Amonium
Material: Nudelholz, weihnachtliche Plätzchenausstecher
Dekoration: 1 Eiweiß, 50 g Puderzucker, silberne Liebesperlen

Die Kinder geben die Zutaten nacheinander in die Schüssel und rühren daraus einen Teig.
Den fertigen Teig rollen sie aus und stechen daraus weihnachtliche Motive aus.
Sie legen die Plätzchen auf ein gefettetes Backblech und backen sie auf mittlerer Schiene ca. 10 Min. bei 220 °C.
Für die Dekoration verrühren die Kinder den Puderzucker mit dem Eiweiß zu Zuckerguss.
Sind die Plätzchen abgekühlt, werden sie mit Zuckerguss und silbern glänzenden Liebesperlen dekoriert.
Mit den Festtagsplätzchen füllen die Kinder die goldenen Sternenkörbchen (s. S. 94) und schmücken damit den Festtagstisch.

Goldene Sternenkörbchen

Die Größe des Sternenkörbchens richtet sich nach der Größe des benutzten Quadrats.

Material: quadratisches Zeichenpapier in Gold (evtl. selbst bemalt oder gestaltet) oder Goldfolie
Alter: ab 5 Jahren

1. Die Kinder falten das quadratische Blatt zweimal diagonal Ecke auf Ecke und klappen es wieder auseinander, sodass ein diagonales Kreuz entsteht.
2. Sie wenden das Papier und falten das Quadrat zweimal zur Hälfte und wieder auseinander, sodass ein Mittelkreuz entsteht.
3. Sie fassen alle vier Ecken und schieben sie in der Mitte zusammen, was sich durch die Faltung fast von selbst ergibt, und drücken das Papier auf dem Tisch flach zu einem kleineren Quadrat zusammen (s. Abb.). Die offene Ecke des Quadrats legen die Kinder nach unten, die geschlossene Ecke zeigt von ihnen weg.
4. Die Seitenteile der oberen Lage falten die Kinder an die Mittellinie, wodurch ein Drachen entsteht. Das gleiche wiederholen sie auf der anderen Seite.
5. Die Kinder stellen eine Faltung aufrecht, spalten diese mit dem Finger und drücken sie flach zu einer Drachenform auseinander. Sie wiederholen den Schritt mit den übrigen Faltungen (insgesamt 2x vorn, 2x hinten), sodass vier kleine Drachen entstehen.
6. Sie falten vorn und hinten die zwei nach unten zeigenden Spitzen nach oben.
7. Die Kinder klappen die vorderen und hinteren Seitenflügel jeweils zueinander, sodass die beiden noch ungefalteten Seiten vorn und hinten aufgedeckt liegen. Sie legen das Gebilde wieder mit der offenen Seite nach unten vor sich und wiederholen Schritt 4 und Schritt 6.
8. Die Kinder öffnen das Körbchen, indem sie es auseinander buchten und die vier Sternenzacken zu allen Seiten waagerecht abstehend ausrichten.

In die fertigen Sternenkörbchen füllen die Kinder auf der Festtagstafel „Glitter-Festtagsplätzchen" (s. S. 93) oder andere Kleinigkeiten.

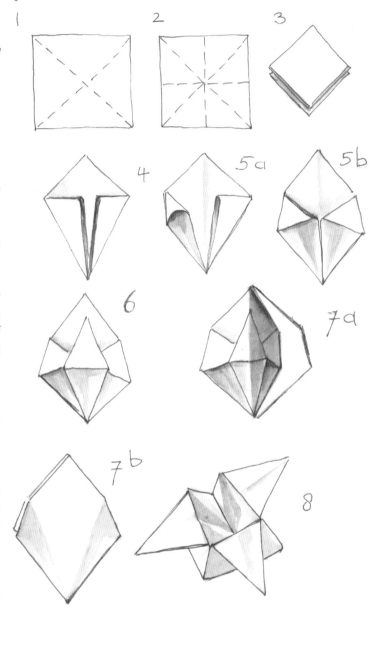

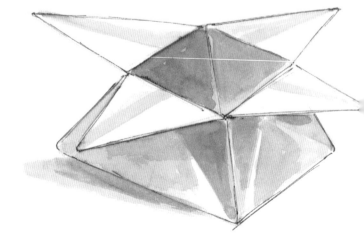

Weihnachtliche Tische

Zu Beginn der Adventszeit malt jedes Kind sein Symbol auf ein Pappkärtchen und legt es in das Säckchen. Das Säckchen geht im Stuhlkreis herum und alle Kinder dürfen ein Symbolkärtchen ziehen. Hat z.B. Anna das Symbol von David gezogen, bekommt er von ihr ein Wichtelgeschenk. Natürlich darf keines der Kinder verraten, welche Symbolkarte es gezogen hat – das bleibt ein adventliches Geheimnis!

Während der Adventszeit basteln die Kinder heimlich an ihren Wichtelgeschenken, um sich gegenseitig mit etwas selbst Hergestelltem zu überraschen. Bei der Weihnachtsfeier sitzen alle am großen Festtagstisch und beschenken sich mit den selbst gemachten Kostbarkeiten.

Wichtelvarianten

★ **Losen:** Jedes Kind stellt ein Geschenk her, verpackt es und bringt es zum Wichteln mit. Kurz davor malt die Gruppenleitung für jedes Kind einen Zettel mit einem Symbol darauf und gibt alle Zettel in einen Schuhkarton. Sobald die Kinder das Wichtelzimmer betreten, ziehen sie mit geschlossenen Augen einen Zettel aus dem Schuhkarton. Die Kinder kleben den gezogenen Zettel auf ihr Geschenk und legen es am Festtagstisch auf einen Stuhl. Alle Kinder gehen um den Tisch herum auf der Suche nach dem eigenen Symbol. Haben sie es gefunden, setzen sie sich auf den entsprechenden Platz. Gemeinsam öffnen die Kinder ihre Päckchen, bevor das weihnachtliche Essen beginnt.

★ **Glückswichteln:** Jedes Kind stellt ein Geschenk her, verpackt es schmuckvoll und legt es unter den Weihnachtsbaum. Nun wird am Tisch reihum gewürfelt. Wer eine 6 würfelt, darf sich ein Geschenk unter dem Baum aussuchen und mit zum Tisch nehmen, es aber noch nicht auspacken. Würfeln darf nur, wer noch kein Geschenk hat. Haben alle Kinder ein Wichtelgeschenk vor sich liegen, müssen sie es noch einmal im Uhrzeigersinn an ihren Tischnachbarn weiterreichen. Da diese letzte Runde vorher nicht angekündigt wird, ist die Überraschung groß – wer erhält so unverhofft ein besonders tolles Geschenk?

Wichteln am Festtagstisch

Wichteln ist immer ein Bestandteil der Weihnachtszeit und sorgt für Spaß und Spannung!

Material: Kartei- oder Pappkarten (DIN A7), Malstifte, 1 Säckchen; evtl. Papier, Schuhkarton, Klebeband, Würfel
Alter: ab 5 Jahren

In den meisten Einrichtungen sind den Kindern innerhalb einer Gruppe Symbole zugeordnet, die sich an den Kleiderhaken und an den Handtuchhaltern im Bad wieder finden.

Weihnachtlicher Eingangs- und Gartenbereich

Nicht nur die Innenräume, sondern auch der Außenbereich um die Einrichtung herum bietet sich an für adventlich-weihnachtliche Dekorationen. Bäume und Büsche im Freigelände, auf dem Pausenhof oder im eigenen Garten werden mit glitzernden Kostbarkeiten behängt, die Vögel finden zwischen den Ästen liebevoll hergestelltes Futter, die Haustür wird mit Naturmaterialien geschmückt und der Eingangsbereich erstrahlt im Glanz winterlicher Eislichter.
Das folgende Kapitel stellt verschiedene Angebote vor für alle Dekorationsbereiche außerhalb der Einrichtung.

Bastherzen

Material: 1 Bündel naturfarbener Bast, Blumendraht, Drahtzange, Schere, rotes Schmuckband, Klebstoff, Stopfnadel
Alter: ab 5 Jahren

Den Naturbast, dessen Fäden an einer Seite als Bündel zusammengebunden sind, teilen die Kinder in drei Stränge auf und flechten daraus einen Zopf.
Den fertigen Zopf binden sie unten mit einem Bastfaden ab.
Auf der Hälfte des Zopfes binden sie mit Blumendraht einen Zipfel ab für die Herzmitte (s. Abb.).
Die beiden Enden des Zopfes werden ebenfalls mit einem Stück Blumendraht fest zusammengebunden, sodass eine Herzform entsteht.
Die Kinder schneiden die noch überstehenden Bastfasern ab und dekorieren das Herz mit rotem Schmuckband, indem sie mit kleinen roten Schleifchen den Draht überkleben.
Zum Schluss ziehen die Kinder mit einer Stopfnadel einen Bastfaden durch den oberen Teil des Bastherzes, um es an die Tür hängen zu können.
Bastherzen in verschiedenen Größen sehen in unterschiedlichen Höhen aufgehängt an der Haustür sehr schön aus.

Tannengirlande

Material: Tannenzweige, Gartenschere, Blumendraht, Strohsterne (s.S. 24), rotes Geschenkband
Alter: ab 5 Jahren

Die Kinder zerschneiden die großen Tannenzweige zu ca. 15 cm langen Zweigen.
Sie binden mehrere Zweige mit Draht zu einem Büschel zusammen.
Nach und nach fügen die Kinder immer wieder neue Zweige hinzu und fixieren diese mit Draht, den sie in der Verlängerung der ersten Zweige um die Tannenbüschel wickeln. So entsteht eine Art Girlande.
Ist diese so lang, dass sie um die Tür reicht, legen die Kinder sie mithilfe der Gruppenleitung um den Türrahmen herum.
Die Girlande wird mit selbst gemachten Strohsternen und roten Schleifen dekoriert und passt hervorragend zu den „Bastherzen" (s.o.)!

Lattennikolaus

Der Lattennikolaus kann als Wegweiser von den Kindern erarbeitet werden, damit der Nikolaus auch ganz sicher den Weg in den Gruppenraum findet.

Material: spitz zulaufende Zaunlatte, Schleifpapier, verschiedene Temperafarben (Weiß, Rot u.a.), Pinsel, Klarlack; evtl. weißer Tonkarton, Laminiergerät, Reißzwecke
Alter: ab 5 Jahren

Die Kinder schmirgeln die Zaunlatte mit Schleifpapier ab, damit die Bemalung besser haftet.
Sie grundieren die Zaunlatte mit weißer Temperafarbe, um eine schöne Leuchtkraft zu erreichen.
Ist die Grundierung getrocknet, malen die Kinder den Nikolaus nach ihren eigenen Vorstellungen an.
Ist die Farbe getrocknet, muss er nur noch mit Klarlack lackiert werden, um wetterfest zu sein.
Der fertige Lattennikolaus wird einige Tage vor dem 6. Dezember mit seinem Fuß draußen in ein Beet oder einen Blumentopf gesteckt als Willkommensgruß und Wegweiser für den „echten" Nikolaus!

Variante

Wer ganz sicher gehen will, dass der Nikolaus sich auch wirklich eingeladen fühlt, schreibt oder malt auf ein Stück Tonkarton eine Nachricht für ihn. Diese Nachricht wird gegen Wind und Wetter laminiert und am 5. Dezember mit einer Reißzwecke am Nikolaus befestigt.

Weihnachtsmann aus Birkenholz

Ein Weihnachtsmann vor der Haustür heißt alle Gäste in der Adventszeit liebevoll willkommen.

Material: kräftiger Birkenholzast (ca. 30-50 mm Ø, 20 cm lang), Rückensäge, Temperafarbe, Pinsel, 1 dicke rote Perle, Heißklebepistole, Watte, Wolle
Alter: ab 6 Jahren

Die Kinder sägen mithilfe der Gruppenleitung das eine Ende des Astes zu einer geraden Standfläche.
Am anderen Ende sägen sie im 30° Winkel eine schräge Fläche ab.
Auf diese Fläche malen sie das Gesicht des Weihnachtsmannes: Mund, Augen und darüber eine rote Mütze.
Mit einer roten Perle zaubern die Kinder der Figur eine plastische Nase ins Gesicht.
Mit aufgeklebter Watte erhält der Weihnachtsmann einen hübschen Bart und Augenbrauen.
Ein Bommel aus Wolle am oberen Ende der Holzfläche angeklebt macht die aufgemalte Mütze plastisch.
Der Weihnachtsmann sollte überdacht im Eingangsbereich stehen, damit er vor Regen geschützt ist.

Nikolauslaterne

Eine Laterne aus selbst hergestelltem Ölpapier ist sehr reizvoll, wenn die Kinder darauf einen Nikolaus malen. Über solche Lichtakzente freut sich der Nikolaus sicherlich, wenn er die Kinder besucht.

Material: Zeitungen, Zeichenpapier, Malfarben, 1 Käseschachtel mit Deckel (rund, Ø ca. 12 cm), Sonnenblumenöl, Lappen, Bügeleisen, Schere, 1 Teelicht, Streichhölzer, Schere, Heißkleber (oder nicht tropfender Klebstoff), transparentes Klebeband, 1 Teelicht, 1 Becherglas
Alter: ab 6 Jahren

Die Kinder legen den Tisch mit Zeitungspapier aus und bemalen das Zeichenpapier mit einem Nikolaus. Sie achten darauf, dass die Größe des Motivs zu der Käseschachtel passt (s.u.).
Das bemalte Papier ölen sie beidseitig mit einem Lappen ein. Das Öl muss das Papier gut durchdringen.

Sie legen das Papier zwischen zwei Zeitungsseiten und bügeln mithilfe der Gruppenleitung auf der Stufe „Seide" das restliche Fett aus dem Papier heraus, das von der Zeitung aufgesaugt wird.
Das Ölpapier wird im Umfang der Käseschachtel zugeschnitten. Beim Ausmessen wird 1 cm als Kleberand nach allen Seiten eingerechnet.
Die Kinder kleben das Ölpapier mit der unteren Seite entlang des äußeren Schachtelrandes der Käseschachtel.
Die sich überschneidenden Papierflächen fixieren die Kinder seitlich mit transparentem Klebeband.
Falls im Deckel der Schachtel keine Öffnung ist, schneiden die Kinder daraus einen Pappkreis aus.
Der Käseschachtel-Deckel wird in die obere Laternenöffnung geklebt.
Nun heißt es nur noch ein Teelicht im Becherglas oder eine Lichterkette in die Laterne legen, und schon leuchtet sie hell auf. Mit den Nikolauslaternen können die Kinder dem Nikolaus einen Lichterweg von der Haustür bis in ihre Gruppe stellen.
Hinweis: Das Ölpapier eignet sich auch sehr gut für Lampenschirmchen (s.S. 56 „Wachspapier-Lichterkette").

Der Wald-Nikolaus
(Dichter unbekannt)

Es rauscht der Wind im Winterwalde
durch die kühle graue Flur
und ein Jeder hofft, schon balde
find' er St. Niklolauses Spur.

Ach, wann wird er endlich kommen,
dieser heiß ersehnte Gast?
Kinder blicken teils benommen
von Baum zu Baum, von Ast zu Ast.

In den Blicken heißes Sehnen,
Fragen, was wird dann gescheh'n?
Und mancher tut schon mal erwähnen:
„Ich hab St. Nikolaus geseh'n."

Langsam neigt der Tag sich nieder,
die Winternacht, sie steigt herauf,
als ein leises Raunen wieder
stoppt der Kinder frommen Lauf.

Da aus dunstigem Gefilde
steigt wie eine Nebelnacht,
ein stilles schattiges Gebilde,
und die Dämmerung ist erwacht.

Kinderblicke werden helle,
die Gesichter sind verzückt,
als Niklaus an der Tagesschwelle,
tritt in ihren Sehnsuchtsblick.

Du guter alter Nikolaus,
du Freund der Kinder nah und fern,
leer deinen Sack heut bei uns aus,
wir alle haben dich so gern.

Eisige Weihnachtskugeln

Bäume in der Nähe der Haustür dekorieren die Kinder mit Kugeln aus Eis.

Material: zweiteilige Kunststoffkugel, Naturmaterialien (z.B. Beeren, Blätter, kleine Äste, Orangenscheiben), Knete oder Kitt, Einwegspritze, Kordel, Schere, Tasse; evtl. Lebensmittelfarbe
Alter: ab 5 Jahren

Mithilfe der Gruppenleitung bohren die Kinder vorsichtig ein Loch mittig in eine der Halbkugeln.
Sie füllen einige Naturmaterialien in die Kugel und verschließen sie.
Mit Knete oder Kitt dichten sie die Fuge der Kugel ab.
Mit der Einwegspritze füllen sie Wasser durch das Loch in die Kugel, bis diese fast, aber nicht ganz voll ist.
Durch das Loch schieben die Kinder eine zu einer Schlaufe gebundene Kordel tief ins Wasser hinein.
Damit die Kugel nicht wegrollt, wird sie auf einer Tasse abgelegt und nach draußen in die eisige Kälte oder in den Gefrierschrank gestellt.
Ist das Wasser in der Kugel gefroren, halten die Kinder die Form kurz unter warmes Wasser, um die Kugel herauszulösen.
Bei eisiger Kälte ist die Weihnachtskugel ein toller Baumschmuck im Eingangsbereich und lässt sich an der festgefrorenen Kordel aufhängen.

Variante

Die Kinder färben das Wasser zur Füllung der Kugel mit Lebensmittelfarbe ein.

Naturkugeln

Material: Zeitungspapier, Bouillondraht, Drahtzange, Naturmaterialien (z.B. Heu, Moos, Beeren, Buchsbaum-Ästchen, Zimtsterne, getrocknete Orangenscheiben usw.), dünner Silber- oder Golddraht; evtl. Weihnachtsduft, Terrakotta-Töpfe
Alter: ab 5 Jahren

Die Kinder formen aus der Zeitung feste Kugeln unterschiedlicher Größe, die sie mit Draht fest umwickeln.
Aus den Naturmaterialien wählen die Kinder einige aus, die sie flächig auf die Kugel legen und mit Gold- oder Silberdraht fest umwickeln.
Ist von der Zeitung nichts mehr zu sehen, ist die Kugel fertig.
Wer möchte, beträufelt die Kugel zusätzlich mit einem weihnachtlichen Duft.
In kleinen Gruppen auf Terrakotta-Töpfen dekoriert wirken die Naturkugeln im Eingangsbereich sehr weihnachtlich. Aber auch Fenstersimse, die Terrasse oder die Außentreppen lassen sich damit einladend dekorieren.

Leuchtende Schneekugeln

Nahen die Weihnachtstage und der Advent geht dem Ende entgegen, beginnen auch die adventlichen Tannenzweige zu nadeln. Sobald es geschneit hat, lassen sich diese Nadeln wunderschön nutzen für leuchtende Schneekugeln.

Material: Schnee, trockene Tannennadeln, große Schüssel, Teelichter, Streichhölzer
Alter: ab 4 Jahren

Die Kinder formen verschieden große Schneebälle und rollen diese in einer Schüssel voll trockener Tannennadeln, sodass die Schneebälle wie paniert wirken.
In jede der Kugeln drücken die Kinder ein Teelicht hinein und zünden sie an.
Die weihnachtlichen Schneekugeln beleuchten vor allem in der Dämmerung oder am Heiligabend stimmungsvoll den Eingangsbereich, Fenstersimse, Terrasse oder die Außentreppen.

Gefrorene Eislichter

Material: 1 großer Joghurtbecher, Klebeband, kleiner Eimer, Schere, Naturmaterialien (z.B. Beeren, Gräser, Tannenzweige, Orangenscheiben, Farn, Efeu usw.), Teelicht, Streichhölzer
Alter: ab 5 Jahren

Die Kinder fixieren den Joghurtbecher mit Klebeband mittig schwebend in einem Eimer.
Die Hohlräume zwischen Becher und Eimerwand füllen sie mit Naturmaterialien und füllen alles mit Wasser auf.
Bei klirrender Kälte stellen sie den Eimer über Nacht ins Freie.
Am nächsten Tag lösen die Kinder ihr Eislicht mit etwas warmem Wasser aus dem Plastikeimer und den Joghurtbecher aus dem entstandenen Eisblock. Stellen die Kinder ein Teelicht in den Hohlraum, beginnt das eisige Weihnachtslicht kristallartig zu leuchten, und die Naturmaterialien werden in einer Art Glaswand sichtbar.
Mehrere Eislichter nebeneinander säumen in der Dämmerung stimmungsvoll den Weg zur Eingangstür.

Eisiger Baumbehang

Material: Deckel eines Schraubglases (Höhe ca. 1-1,5 cm, alternativ kleine Gefrierdosen oder Kuchenbackformen in Weihnachtsmotiven), Naturmaterialien (Beeren, Efeublätter, kleine Tannenzweige, Orangen- oder Zitronenscheiben, Anissterne usw.), Wolle; evtl. Gugelhupfform
Alter: ab 5 Jahren

Die Kinder legen in den Deckel winterliche Naturmaterialien.
Zusätzlich legen sie beide Enden des Wollfadens in den Deckel, sodass der restliche Faden heraushängt. Sie füllen den Deckel bis zum Rand mit Wasser und stellen ihn nach draußen in die klirrende Kälte oder ins Gefrierfach.
Ist das Wasser über Nacht gefroren, wärmen die Kinder am nächsten Morgen den Deckel kurz in der warmen Hand an, um das Eisbild leicht aus dem Deckel herauslösen zu können.
Sie hängen ihren eisigen Weihnachtsbaumschmuck an dem Wollfaden dekorativ in einen Strauch.

Variante

Ein eisiger Türkranz entsteht, wenn die Kinder eine Gugelhupfform mit Naturmaterialien und Wasser auffüllen und gefrieren lassen.

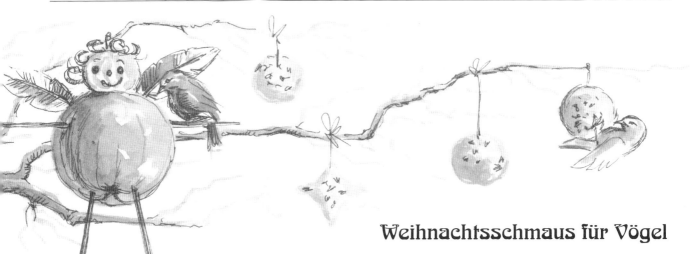

Weihnachtsengel für Vögel

Auch die Vögel freuen sich, wenn die Kinder zum Weihnachtsfest an sie denken.

Material: 1 Walnuss, Küchenmesser, 1 Zahnstocher, Filzstifte, Schmuckband, Alleskleber, gelockte Hobelspäne oder Bast, 1 roter Apfel, 3 Schaschlikspieße, 2 Federn
Alter: ab 5 Jahren

Vorsichtig bohren die Kinder mit dem Küchenmesser in die Naht der Walnuss ein kleines Loch und stecken eine Spitze des Zahnstochers als Hals des Engels hinein.
Auf die Nuss malen sie mit Filzstift ein kleines Gesicht. Auf der Rückseite befestigen sie mit Klebstoff ein langes Schmuckband als Aufhänger. Als Engelshaar kleben sie die Hobelspäne oder Bast um den Kopf herum.
Den Zahnstocher-Hals stecken die Kinder senkrecht durch den Apfel, sodass der Kopf fast auf dem Apfel aufliegt.
Einen der Schaschlikspieße stecken sie quer durch den Apfel, sodass die beiden Spitzen rechts und links wie zwei Arme abstehen.
Unten in den Apfel stecken die Kinder die beiden anderen Schaschlikspieße als Beine.
Natürlich erhält der Engel auch Flügel: Dazu stecken die Kinder zwei Federchen in den rückwärtigen Apfel.
Nun hängen sie ihren Weihnachtsengel ins Geäst der Bäume. Die Vögel können auf den ausgestreckten Armen Platz nehmen, wenn sie vom Apfel naschen möchten.

Weihnachtsschmaus für Vögel

Vögel dürfen nur gefüttert werden, wenn Dauerfrost oder eine Schneedecke ihre Nahrungssuche stark behindert. Bei gutem Wetter finden die Vögel genügend Nahrung. Hoffen wir also auf eisiges Wetter, damit den Piepmätzen dieser leckere Weihnachtsschmaus nicht entgeht!

Material: weihnachtliche Ausstechförmchen, Backpapier, Knetmasse, Rindertalg aus der Metzgerei (alternativ: Kokosfett), Vogelfutter für Gartenvögel (alternativ: Erdnüsse, Hirsekörner, Pinienkerne, Rosinen, Walnüsse, Haselnüsse), Kordel, Schere
Alter: ab 6 Jahren

Die Kinder legen die Ausstechförmchen auf dem Backpapier aus und dichten die Ritzen zum Blech hin mit Knetmasse ab.
Mithilfe der Gruppenleitung lassen die Kinder Rindertalg in einem Topf aus.
Den flüssigen Rindertalg mischen sie mit dem Vogelfutter im Verhältnis 1:2.
Sie rühren die Masse gut um und füllen sie in die Ausstechförmchen.
Abschließend drücken sie eine zu einer Schlaufe verknotete Kordel in den Talg.
Nun heißt es abwarten, bis die Masse im Kühlschrank erkaltet und gehärtet ist.
Wollen die Kinder die Leckerbissen aus den Formen lösen, stellen sie das Blech mit den Förmchen kurz auf den Heizkörper.
Die dekorative Vogelnahrung schmeckt nicht nur den Piepmätzen, sondern schmückt auch die winterlich-kahlen Bäume.
Hinweis: Während der Wartezeit liest die Gruppenleitung die Geschichte „Der glückliche kleine Vogel" (s.S. 54f.) vor.

Bunte Eisscherben

Wenn die Sonne durch die Eisscherben scheint, glitzert der dekorierte Baum in bunten Farben.

Material: Abdeckfolie, mehrer Plastikflaschen, Lebensmittelfarbe in den Grundfarben, Basteldraht in Gold oder Silber
Alter: ab 4 Jahren

Die Kinder breiten auf einem unebenen Untergrund, z.B. einer Wiese, die Abdeckfolie aus.
Sie füllen die Plastikflaschen mit Wasser und geben in jede Flasche eine andere Lebensmittelfarbe.
Die Kinder gießen das bunte Wasser an verschiedenen Stellen über die Plastikplane. Durch den unebenen Boden bilden sich auf der Folie bunte Wasserpfützen. Bei Frost gefriert das bunte Wasser auf der Plane.
Lösen die Kinder das Eis, erhalten sie bunte Eisstücke in verschiedenen Formen und Farben.
Sie umwickeln einzelne Eisstücke mit Draht oder verbinden gleich mehrere Scherben mit Draht zu einer Eisgirlande, die Sträucher und Hecken weihnachtlich schmückt.

Lichthügel

Material: Schnee, Holzlöffel, Wunderkerzen, Feuerzeug
Alter: ab 4 Jahren

Die Kinder rollen aus Schnee eine große Kugel, ungefähr so groß wie der Bauch eines Schneemanns.
Mit der flachen Hand oder mit einem Holzlöffel klopfen die Kinder den Schnee fest.
In der Dämmerung stecken sie mehrere Wunderkerzen in die Kugel und zünden sie mithilfe der Gruppenleitung an. Die Kugel wird zu einem strahlenden und Funken sprühenden Lichtermeer!

Schnee-Motive

Material: Schnee, Stock, Teelichter, Feuerzeug
Alter: ab 4 Jahren

Wenn es draußen geschneit hat und die Dämmerung hereinbricht, ritzen die Kinder mit einem Stock ein großes weihnachtliches Motiv in den Schnee, z.B. einen Stern oder einen Tannenbaum.
Entlang dieses Umrisses setzen die Kinder Teelichter im Abstand von ca. 10-15 cm nebeneinander.
Sobald es dunkel ist, zünden sie die Kerzen an: Das Motiv erstrahlt in weihnachtlichem Glanz!
Hinweis: Diese Aktion wirkt auch ohne Schnee geheimnisvoll weihnachtlich!

Kinderpunsch

Ein wohliger Genuss für alle, die lange in der Kälte gewirkt und gewerkelt haben!

Zutaten (für ca. 16 Tassen): Saft von 8 Orangen und 2 Zitronen, 1,5 l schwarzer Johannisbeersaft, 1,5 l Apfelsaft, 4 Nelken, 1 Zimtstange, etwas Zucker
Material: Saftpresse, Topf, Schöpfkelle, Sieb
Alter: ab 6 Jahren

Die Kinder pressen die Orangen und Zitronen aus.
Sie erhitzen den Johannisbeersaft und den Apfelsaft in einem Topf.
In diese Mischung geben sie Nelken, Zimtstange, Zitronensaft, Apfelsinensaft und etwas Zucker und lassen alles kurz aufkochen.
Den fertigen Kinderpunsch schöpfen sie mit der Kelle aus dem Topf und lassen ihn mithilfe der Gruppenleitung durch ein Sieb in eine Tasse oder ein Glas laufen. Vorsicht, nicht verbrennen!
Gemeinsam treffen sich alle mit einem Glas Kinderpunsch vor der Tür und bestaunen in der Dämmerung den weihnachtlich funkelnden Garten.

Schlusswort

Nun ist es so weit: Die Adventszeit, die Zeit des Wartens und der Vorbereitung auf das Weihnachtsfest ist vorbei. Mit zahlreichen Ideenimpulsen aus dem vorliegenden Buch haben sich die Kinder die lange, spannungsgeladene Wartezeit aufs Christkind verkürzt. Der Wunschzettel ist schon lange geschrieben, die Fenster, Räume, Ecken und Nischen, Tische und der Garten sind stimmungsvoll geschmückt.

Geschenke sind gebastelt, Karten und Geschenkpapier gestaltet, die Plätzchen gebacken. Weihnachtsduft liegt in der Luft, der Tannenbaum ist liebevoll geschmückt, Kerzen und Lichter aus eigener Herstellung lassen das Haus im Lichterglanz erstrahlen. In wenigen Sekunden erklingt das weihnachtliche Glöckchen, das von der Ankunft des Christkindes kündet.

*Markt und Straßen steh'n verlassen,
Still erleuchtet jedes Haus,
Sinnend geh' ich durch die Gassen,
Alles sieht so festlich aus.*

*An den Fenstern haben Kinder
Basteleien fromm geschmückt,
Tausend Kindlein steh'n und schauen,
Sind so wunderstill beglückt.*

(frei nach Joseph von Eichendorf)

Anhang

Register

Gestaltungsaktionen

Adressen-Kalender 10
Adventliche Duftbeutel 36
Adventliche Überraschungsschale 8
Adventskalenderbaum 17
Adventskalender-Füllungen 8
Adventskalender-Mandala 6
Adventskranz binden 11
Adventskranz für die „Duftecke" 11
Adventskranz für die Geschenke- und
Verpackungsecke 11
Adventskranz für das „Naturfenster" 12
Adventskranz für das „Eisfenster" 12
Adventskranz für den „Fruchtigen Weihnachtstisch" 12
Adventskranz für den „Festtagstisch" 12
Adventspyramide 12
Aniskerze 39
Äpfel bemalen 47
Apfellichter 74
Apfelnikolaus 45

Bastelbrief-Kalender 7
Bastherzen 97
Bedrucktes Weihnachtspapier 67
Beerenkringel 25
Bienenwachs-Kerzen rollen 38
Bienenwachs-Schmuck 23
Brettspiel „Der verlorene Wunschzettel" 62
Bucheckern-Kerzenständer 73
Bunte Eisscherben 104
Bunte Folienlichter 83
Bunte Pappmaché-Kugeln 81

Christbaum-Kalender 10
Christbaummandala aus Kernen 23

Dekorativer Plätzchenteller 57
Drachensterne 51
Duftende Zapfen 37
Duftmemory 36

Einfache Strohsterne 24
Eisblumen-Lichterkette 78
Eisige Weihnachtskugeln 101
Eisige Zuckerlichter 79
Eisiger Baumbehang 102
Eisiger Winterstrauß 76
Engel aus Papptellern 52
Engel aus Tortenpapier 53

Fächerengel 52
Fächersterne 92
Fantasiereisen-Kalender 8
Festliche Papiertischdecke 90
Festliche Pappmaché-Kugeln 92
Filigrane Faltsterne 81
Filmdosen-Lichterkette 83
Filz-Geschenkherz 27
Filzkugel 27
Filznikolaus 42
Flurweihnachtsbaum 15
Fröbelstern 26
Fruchtige Serviettenringe 88

Gartenweihnachtsbaum 17
Gefalteter Nikolausstiefel 43
Gefilzte Massageseife 64
Gefilzter Weihnachtsschmuck 27
Gefrorene Eislichter 102
Gerollter Kerzenschmuck 65
Geschenkpapier für Express-Engel 67
Geschenkpapier in Kleistertechnik 66
Geschenkschachteln falten 68
Geschichten-Adventskalender 8
Gespritzte Karten 69
Glitterkerzen 93
Glitzernder Zimtteigkerzenständer 38
Glühbirnen-Kugeln 82
Goldene Fächerkugel 19
Goldene Sternenkörbchen 94

Goldener Naturschmuck 21
Gruppentannenbaum 15

Himmlische Postadressen 30

Igelkugel 21

Kerzenwachs-Sternenlicht 84
Klammernikolaus 42
Kleines Geschenk riesengroß 66
Krippen-Kalender 10

Lattennikolaus 98
Lesezeichen 59
Leuchtende Schneekugeln 101
Lichthügel 104
Lieder-Kalender 10

Mandarinensternchen 88
Märchenhaftes Tütenlicht 57
Märchenkerze 57
Monotypie-Karten 70

Naturketten-Gardine 72
Naturkugeln 101
Nikolauslaterne 99
Nikolaussäckchen 44
Nikolausstiefel 43
Nikolausstrümpfe 45

Orangen dekorieren 39
Orangenkerze 87
Orangenlichter 87
Orangenpotpourri 36
Orangenrose 88

Patchwork-Karten 69
Patchwork-Kugel 18
Perlenschmuck 77
Physalis-Lichterkette 74
Plätzchen-Kerzen 82
Prägeschmuck 19
Puzzle-Adventskalender 7

Rezepte-Kalender 10
Riesen-Adventsspirale 13
Riesen-Waben-Kugel 20

Schattenwindlicht 78
Schnee-Motive 104
Schneeschüttelgläser 63
Schneeseifenkugeln 64
Schnipsel-Kugel 18

Seilkugel 22
Siebenzackiger Stern 51
Spiele-Kalender 10
Sterne für die Märchendecke 49
Sterne wie aus Zuckerguss 77
Sternentalergardine 59
Sternkristalle 76
Strohsterne aus Strohspan 24
Strumpf-Adventskalender 6
Süße Tannenzapfen 28

Tannengirlande 97
Tetrapackdruck auf Briefpapier 70
Transparente Windlichter 82
Transparentsterne 81
Tütenkugel 20

Unser Tannenbaum 14

Vergoldete Früchte 88
Vierzackiger Stern 91

Wachskristalle 77
Wachspapier-Lichterkette 56
Weihnachtliche Kerzen schnitzen 65
Weihnachtliche Wunschbox 32
Weihnachtliches Siegel 33
Weihnachtschmuck aus Ton 22
Weihnachtsengel für Vögel 103
Weihnachtsfeierbaum 17
Weihnachtskartenpuzzle 68
Weihnachtskugel aus Stoff 18
Weihnachtsmann aus Birkenholz 98
Weihnachtsschmaus für Vögel 103
Weihnachtsschmuck aus der Holzwerkstatt 22
Weihnachtsstempel 34
Weihnachtsvögel 55
Weihnachtswunsch-Ast 33
Weihnachtszwerge 74
Wichteln am Festtagstisch 95
Winterbilder in Szene gesetzt 75
Wollknäuelverpackung 65
Wunschzettel ans Christkind 30

Zimtseife 64
Zuckerwürfel-Turm 79
Zweig-Sterne 72
Zwetschgenfiguren 73

Rezepte

Anisplätzchen 40
Bratapfel Weihnachtstraum 46
Gebackener Adventskranz................... 13
Gewürzfrüchtekuchen...................... 40
Gewürznüsse............................. 58
Glitter-Festtagsplätzchen 93
Keks-Knusperhaus 59
Kinderpunsch 104
Nostalgischer Lebkuchen................... 58
Orangenkuchen 89
Orangenmakronen........................ 89
Raureif-Weihnachtsapfel 79
Transparentes Gebäck 28
Weckmann 44
Weihnachtliche Pralinen................... 58
Zimtsterne............................. 79

Geschichten und Gedichte

Bald kommt der Nikolaus 44
Das alte Schaukelpferd 49
Der Bratapfel 46
Der glückliche kleine Vogel................. 54
Der Traum 16
Der verlorene Wunschzettel 60
Der Wald-Nikolaus....................... 100
Der Wunschzettel........................ 31
Ein Tännlein aus dem Walde................ 14
Knecht Ruprecht 47

Literatur

Bestle-Körfer, Regina und Stollenwerk, Annemarie: Winter zaubert alles weiß. Christophorus Verlag. Freiburg i.Br. 2001.

Cratzius, Barbara: Wir feiern Advent und Weihnachten. Ravensburger Verlag. Ravensburg 2001.

Cratzius, Barbara u.a.: Fröhliche Weihnachtszeit. Ars edition. München 2002.

Dirk, Alexandra: Das große Lichterbuch. Q-Verlag. Berlin 2005.

Fischer, Ferdy: Advent und Weihnachten feiern mit Kindern. Patmos Verlag. Düsseldorf 1996.

Lindner, Gerd: Bastelideen. Lingen Verlag. Bergisch Gladbach 1993.

Nitsch, Cornelia: Mandelkern und Weihnachtsstern. Mosaik Verlag. München 1995.

Wetzel-Maesmanns, Sigrid: Weihnachtsbastelbuch für Kinder. Bassermann Verlag. Niedernhausen/Ts. 2001.

Wierz, Jakobine: Kinder erleben Weihnachten mit großen Malern. Don Bosco Verlag. München 2001.

Die Autorin

Jakobine Wierz hat Kunstgeschichte, Bildende Kunst und Katholische Theologie studiert und ist Diplom-Pädagogin. Sie arbeitet in Trier an der Katholischen Fachschule für Sozialwesen und ist seit vielen Jahren in der Fortbildung für ErzieherInnen und SpielleiterInnen tätig. Darüber hinaus hat sie Lehraufträge an unterschiedlichen Institutionen der Erwachsenenbildung. Als Autorin hat sie bereits zahlreiche spielpädagogische Bücher veröffentlicht.

Die Illustratorin

Mientje Meussen, 1948 geboren, wohnt und arbeitet in den Niederlanden.
Schon als Kind hat sie gern gezeichnet und viel bei ihrem Vater gelernt. Zwölf Jahre lang unterrichtete sie als Lehrerin Kinder und Jugendliche von 12-15 Jahren im Zeichnen. Seit sechs Jahren malt sie Wandgemälde zu zahlreichen Themen in Restaurants und Wirtschaften, aber auch privat: Badezimmer, Schlafzimmer und viele Baby- und Kinderzimmer: www.mientjemeussen.nl
Sie sagt von sich: „Zeichnen und Malen sind meine große Leidenschaft, schon mein ganzes Leben", und drückt diese Leidenschaft als freischaffende Künstlerin in zahlreichen Ölgemälden, Zeichnungen und – wie in diesem Buch – mit liebevollen Illustrationen aus

Der Fachverlag für gruppen- und spielpädagogische Materialien

Ökotopia Verlag und Versand

Fordern Sie unser kostenloses Programm an:

Ökotopia Verlag
Hafenweg 26a · D-48155 Münster
Tel.: (02 51) 48 19 80 · Fax: 4 81 98 29
E-Mail: info@oekotopia-verlag.de

Besuchen Sie unsere Homepage! Genießen Sie dort unsere Hörproben!

http://www.oekotopia-verlag.de
und www.weltmusik-fuer-kinder.de

Sybille Günther
Lichterfeste
Spiele, Lieder, Tänze, Dekorationen und Rezepte für Feiern und Umzüge in der Lichterzeit

Hier gibt es neben bekannten Bräuchen viel Neues zu entdecken: Tänze und Spiele ums Erntefeuer, Nachtumzüge im Geisterlicht, Durchsitznächte im Kerzenschein oder ein Lichterfrühstück am Lucientag.

ISBN (Buch) 978-3-936286-66-3
ISBN (CD) 978-3-936286-67-0

Sybille Günther
Himmlische Zeiten für Kinder
Den Zauber weihnachtlichen Brauchtums in lebendigen Aktionen von Martini bis Silvester stimmungsvoll erleben

Mit einfühlsamen Weihnachtsgeschichten, mit Brauchtum und schönen Liedern, mit frischen Ideen und lebendigen Spielen geht es für Kinder singend und tanzend durch die Weihnachtszeit

ISBN (Buch) 978-3-86702-088-6
ISBN (CD) 978-3-86702-089-3

Sonja Janssen, Julia Alberts
Sternenstaub & Lichterglanz
Eine spielerische Schatzkiste für die Advents- und Weihnachtszeit

Die umfangreiche Spielesammlung bringt neuen Schwung in die Vorweihnachtszeit. Ganz nebenbei erfahren die Kinder Förderung in verschiedenen Bereichen wie Basiswahrnehmung, Handmotorik, Hören, Sehen und Empathieempfinden. Der Ideenfundus bringt auf pädagogisch sinnvolle Weise den Zauber der Vorweihnachtszeit zurück.

ISBN 978-3-86702-094-7

Pit Budde, Josefine Kronfli
Santa, Sinter, Joulupukki – Weihnachten hier und anderswo
Ein internationaler Ideenschatz mit Liedern, Geschichten, Bastelaktionen, Rezepten, Spielen und Tänzen

Die Weihnachtszeit auf der ganzen Welt in Spielen, Bastelanleitungen, Liedern, Geschichten, Sachinformationen und Rezepten, um mit Kindern Weihnachten fantasievoll zu gestalten und mit allen Sinnen zu feiern.

ISBN (Buch) 978-3-936286-04-5
ISBN (CD) 978-3-936286-05-2

Andrea Erkert
Das Adventsspiele-Buch
Die weihnachtliche Zeit spielerisch begleiten

Eine Auswahl an ruhigen wie bewegungsintensiven Spielimpulsen rund um die Adventszeit, die sich mit kleineren und größeren Gruppen jederzeit und nahezu überall durchführen lassen. Zahlreiche Spielideen und Anregungen, mit denen sich Kinder ganz bewußt mit Motiven rund um das Weihnachtsfest beschäftigen.

ISBN 978-3-86702-060-2

Barbara Cratzius
Wir freuen uns aufs Weihnachtsspiel
Leichte Stücke zum Mitmachen und Mitspielen für die Advents- und Weihnachtszeit

Kurze Spielstücke zur Advents- und Weihnachtszeit mit lustigen und besinnlichen Texten. Leicht und mit wenig Aufwand lassen sich im Kindergarten und in der Grundschule Aufführungen mit kleinen sowie größeren Kindern einüben und aufführen. Wie das ohne Stress geht und auch noch Spaß macht, wird in diesem liebevoll illustrierten Mitmachbuch gezeigt.

ISBN 978-3-86702-022-0

Der Fachverlag für gruppen- und spielpädagogische Materialien

Ökotopia Verlag und Versand

Fordern Sie unser
kostenloses Programm an:

Ökotopia Verlag
Hafenweg 26a · D-48155 Münster
Tel.: (02 51) 48 19 80 · Fax: 4 81 98 29
E-Mail: info@oekotopia-verlag.de

Besuchen Sie
unsere Homepage!
Genießen Sie
dort unsere Hörproben!

http://www.oekotopia-verlag.de
und www.weltmusik-fuer-kinder.de

Gisela Mühlenberg
Kritzeln, Schnipseln, Klecksen
Erste Erfahrungen mit Farbe, Schere und Papier und lustige Ideen zum Basteln mit Kindern ab 2 Jahren

ISBN: 978-3-925169-96-0

Sybille Günther
Das Zauberlicht
Schwarzes Theater, Spiele und Aktionen mit Kindern

ISBN: 978-3-931902-50-6

Elke Gulden, Bettina Scheer
Singzwerge & Krabbelmäuse
Frühkindliche Entwicklung musikalisch fördern mit Liedern, Reimen, Bewegungs- und Tanzspielen für zu Hause, für Eltern-Kind-Gruppen, Musikgarten und Krippen

ISBN (Buch): 978-3-936286-36-6
ISBN (CD): 978-3-936286-37-3

Wiebke Kemper
Rasselschwein & Glöckchenschaf
Mit Orff-Instrumenten im Kinder- und Musikgarten spielerisch musizieren - für Kinder ab 2

ISBN (Buch): 978-3-936286-17-5
ISBN (CD): 978-3-936286-18-2

Mathilda F. Hohberger, Jule Ehlers-Juhle
Klangfarben & Farbtöne
Farben mit allen Sinnen erleben mit Liedern, Spielen, Klanggeschichten und Gestaltungsideen

ISBN (Buch): 978-3-936286-70-0
ISBN (CD): 978-3-936286-71-7

Jakobine Wierz
Knallbunt im Formenrausch
Kinder malen, sprayen, reißen, zeichnen, drucken und gestalten wie farbenfrohe Künstler

ISBN: 978-3-86702-041-1

Jakobine Wierz
Große Kunst in Kinderhand
Farben und Formen großer Meister spielerisch mit allen Sinnen erleben

ISBN: 978-3-931902-56-8

Jakobine Wierz
Vom Kritzel-Kratzel zur Farbexplosion
Kindliche Mal- und Gestaltungsfreude verstehen und fördern – mit zahlreichen praktischen Anregungen von 2 bis 10 Jahren

ISBN: 978-3-936286-42-7

Gerd Grüneisl
Kunst & Krempel
Phantastische Ideen für kreatives Gestalten mit Kindern, Jugendlichen und Erwachsenen

ISBN: 978-3-931902-14-8

Jakobine Wierz
Spiel doch mit den Schmuddelkindern
Matschen, Schmieren, Spielen und Gestalten mit verschiedenen Materialien

ISBN: 978-3-931902-92-6

Gisela Mühlenberg
Mit Pinsel, Farbe, Schere und Papier
Pfiffige Sachen basteln zum Spielen, Staunen und Bewegen mit Kindern ab 2 Jahren

ISBN 978-3-86702-105-0

Gisela Walter
Von Kindern selbstgemacht
Allererstes Basteln mit Lust, Spiel und Spaß im Kindergarten und zu Hause

ISBN: 978-3-931902-84-1

Ökotopia Verlag und Versand

Der Fachverlag für gruppen- und spielpädagogische Materialien

Fordern Sie unser kostenloses Programm an:

Ökotopia Verlag
Hafenweg 26a · D-48155 Münster
Tel.: (02 51) 48 19 80 · Fax: 4 81 98 29
E-Mail: info@oekotopia-verlag.de

Besuchen Sie unsere Homepage! Genießen Sie dort unsere Hörproben!

http://www.oekotopia-verlag.de
und www.weltmusik-fuer-kinder.de

Andrea Erkert
Inseln der Entspannung
Kinder kommen zur Ruhe mit 77 phantasievollen Entspannungsspielen

ISBN: 978-3-931902-18-6

Sybille Günther
Snoezelen - Traumstunden für Kinder
Praxishandbuch zur Entspannung und Entfaltung der Sinne mit Anregungen zur Raumgestaltung, Phantasiereisen, Spielen und Materialhinweisen

ISBN (Buch): 978-3-931902-94-0
ISBN (CD): 978-3-936286-07-6

Ursula Salbert
Ganzheitliche Entspannungstechniken für Kinder
Bewegungs- u. Ruheübungen, Geschichten u. Wahrnehmungsspiele Yoga, Autog. Training u. d. Progr. Muskelentspannung

ISBN: 978-3-936286-90-8

Anette Raschdorf
Kindern Stille als Erlebnis bereiten
Sinnesübungen, Fantasiereisen und Entspannungsgeschichten für Kindergarten, Schule u. Familie

ISBN: 978-3-931902-59-9

Volker Friebel
Kinder entdecken die Langsamkeit
Musikalisch-spielerische Förderung von Konzentration, Achtsamkeit und Wohlbefinden

ISBN (Buch inkl. CD): 978-3-86702-062-6

Conny Frühauf, Christine Werner
Hört mal, was da klingt!
Spielerische Aktionen mit Geräuschen, Klängen, Stimme und Musik zur Förderung des Hörsinns

ISBN (Buch inkl. CD): 978-3-86702-005-3

Annegret Frank
Streicheln, Spüren, Selbstvertrauen
Massagen, Wahrnehmungs- und Interaktionsspiele und Atemübungen zur Förderung des Körperbewusstseins

ISBN (Buch): 978-3-936286-29-8
ISBN (CD): 978-3-936286-30-4

Sybille Günther
Willkommen im Kinder-Märchenland!
Märchen werden lebendig durch Erzählen, Hören, Spielen und Gestalten

ISBN (Buch): 978-3-86702-025-1
ISBN (CD): 978-3-86702-026-8

Christel Langlotz, Bela Bingel
Kinder lieben Rituale
Kinder im Alltag mit Ritualen unterstützen und begleiten

ISBN: 978-3-86702-042-8

Margarita Klein
Schmetterling und Katzenpfoten
Sanfte Massagen für Babys und Kinder

ISBN: 978-3-931902-38-4

V. Friebel, M. Kunz
Meditative Tänze mit Kindern
In ruhigen und bewegten Kreistänzen durch den Wandel der Jahreszeiten

ISBN (Buch inkl. CD): 978-3-931902-52-0

Kinder kommen zur Ruhe
Die schönsten Melodien zum Entspannen, Einschlafen und Träumen

ISBN (CD): 978-3-936286-92-2